税金官僚に痛めつけられた有名人たち

デヴィ・スカルノ
神内良一（プロミス創業者）
八田 隆（元クレディ・スイス証券）
磯貝清明
与沢 翼
桜井敏夫
渡辺喜太郎

×

副島隆彦
Takahiko Soejima

はじめに

税金官僚が日本を滅ぼす!

来年(2015年)1月から相続税が55パーセントになる。そして10月には消費税が10パーセントに上がる。

私は自著、『税金官僚から 逃がせ隠せ個人資産』(幻冬舎、2013年刊)で、経営者や資産家層に向けて、本気で訴えた。「もうこれ以上は税金官僚たちが勝手に作った法律にバカ正直に従わなくていい。自分の資産の、逃がすべきを逃がし、隠すべきを隠しなさい」と堂々と主張した。反響は大きかった。

日本が〝大増税《ぞうぜい》国家〟に進むのを、肌で感じ恐れている資産家がこんなにも多いかと改めて実感した。「資産家から高い税金を取って当たり前だ」、という反発もあった。だが、私ははっきり言おう。金持ちを大事にしない国は滅びる。

昨今の掛け声である「格差社会《しゃかい》を是正しよう」は、間違いである。この言葉を無自覚に正義だと思い込んで唱える者は、ただの愚か者か、あるいは「貧乏人のひがみ根性」が骨の髄まで来ている人だ。あるいは財務省＝国税庁＝税務署の手先、スパイである。格差社会の是正は、税金・税制ではできない。また、やってはいけない。

金持ちと貧困層の両方が、いろいろな形で存在する社会が自然な社会だ。みんな共産主義国家の悪《あく》平等を非難する。そのくせに、「格差社会を是正しよう」にコロリと騙《だま》されてしまう。金持ち層への嫉妬と妬みを上手に利用して、あらゆる増税を国民に是認させようとする財務官僚の策略に乗ってしまっている者たちだ。このままでは日本の金持ちたちが〝難民化〟して国外に脱出する。そんなことはない。日本人は外国では暮らしにくいから外国に移り住む人は少ない、と甘く考えている。しかし現に多くの資産家が着々と日本脱出（キャピタル・フライト、資金逃避）を実行している。3億円も5億円も相続税で取られるぐらいなら、海外への移住を決断する。それは当然だ。

本来、富裕層こそ国家の主人公なのだ。富裕層だけが貧しい人や困っている人々を本当に助けたいと思った時に、自分の資金で助けることができる。サラリーマン層は口ばっかりで何もできない。力のある人たち（すなわち経営者や資産家層）が、「助けてください」と自分の周りに集まってくる人たちを雇ったり、直接助けることができる。

それに対して、何でもかんでも福祉（ソシアル・ウェルフェア）は公務員にやらせる、役所がやる、という考えは大間違いだ、「企業や金持ちからたくさん取って、そのお金で政府が福祉をやります」というのは巧妙な詭弁《きべん》だ。私たちは、この現在の腐った考えと真っ向から対決しなくてはいけない。だが、日本の富裕層は、一般国民からの自分たちへの妬《ねた》みの声を恐れ、公《おおやけ》に発言しようとしない。

そんななか、この私の考えに賛同し、今の日本の税金制度に対して異議を唱える有名人たちが現れてくれた。400億円もの相続税を払った経営者。自己破産もさせてもらえない、サラ金業者よりもヒドい税金の取り立てに合っている青年実業家。国税庁＝国税局＝税務署にヒドい目に遭わされた7人の生《なま》の声を聞いてほしい。

資産家・経営者だったら親子代々《だいだい》やられているから、国税庁＝国税局＝税務署のやり口の穢《きたな》さに気づいてきている。それ以外の人たちはほとんど知らない。私は、この本を通じて、金持ち、資産家、経営者たちをいじめる官僚的平等主義者の考え方や感じ方をひっくり返すつもりだ。これは闘いなのだ。

目次

第一章

「もう、日本を離れるしかありませんわ」

40年ぶりに帰国した日本で、税金官僚から2度の辛酸を味わわされたデヴィ・スカルノ夫人

デヴィ・スカルノ
プロフィール

1940年生まれ。19歳で日本を離れ、1959年、インドネシアのスカルノ元大統領夫人に。6年後の1965年9月30日に起きたクーデター後、フランスに亡命。2000年、40年間の海外生活を終え、日本に帰国。現在はインドネシア国籍のままタレント・講演活動など、歯に衣を着せぬ正直な発言で人気を博す。

デヴィ　私はいつか日本を絶対に離れなければなりません。なぜかといえば、私の渋谷の神山《かみやま》の家が、仮りに4億円とします。それを私の娘のカリナに相続させようとしたら、55パーセントの相続税がかかるんですよね。4億円×55パーセントで、2億2千万円が相続税です。2億2千万円ものお金を私が用意しないと娘にこの家を相続させることができないわけです。いったいどこからこれだけのお金を持ってきたらいいんですか。娘が用意できなかったらアウトです。もう私の資産は継げません。誰の手に渡るのでしょう。国ですか?。

デヴィ夫人は、世の中の本当のことを発言する言論人だと私はずっと思ってきた。私はデヴィ夫人を尊敬している。彼女が語った恐怖。これが、この本のテーマ（主題）である。国家が税金で個人の財産を奪取する。金持ち（資産家）たちが本当に狙われている。自分が築き上げた財産を国家に取り上げられる恐怖だ。

40年間の海外生活をおくったデヴィ夫人は、母と弟が眠る日本で余生を過ごしたいと、日本に戻ることに決めた。それが２０００年初めのことだ。いまから14年前である。だが、彼女を待っていたのは、まったく世界基準（ワールド・ヴァリューズ）からかけ離れた日本の税金制度だった。デヴィ夫人がそれまでずっと運営してきた音楽財団の支援に対して「それは、あなたの道楽でしょ」と、贈与税を100パーセント課税した。重加算税《じゅうかさんぜい》を含めて1億円近い追徴課税だ。さらにはパリのシャンゼリゼ通りに面したアパルトマン（高級住宅）を売却して得たお金を日本へ送金したことで「配当」と解釈され、二重課税された。フランスで33パーセントの税金（不動産譲渡税）をきちんと払ってきた。それなのに、さらに日本でふんだくられた。

デヴィ　本当に私は、日本に何億円もの税金を払うためだけに帰ってきたみたいです。日本の国税庁に対して、恨《うら》み骨髄です（笑）。今日は思いのたけをしゃべらせていただきたいと思っております。

副島　私も10年前に税務署にやられまして、金額は2500万円ほどですが、税務署前で演説したり、騒いだりして8年間裁判で争いました。当然、裁判では負けにさせられた。裁判所までもが、公務員仲間で国税庁とグルですから。グルとはグループのことです。デヴィ夫人にまず、お聞きしたいのは、２００２年の税務調査の、国税庁の手口の穢《きたな》さについてです。

デヴィ　私の場合は、外務省・法務省下において国籍上は「非居住者《ひきょじゅうしゃ》」です。それなのに、突然、財務省＝東京国税局がやって来て、「あなたは実質的に居住者であるから、日本の税制にのっとった納税義務がある」と言われたのです。非居住者（ノンレジデント）である外国人は、日本で得る収入に対して、２割が源泉徴収されるのです。私はそれを何十年も払って参りました。オートマティックに引かれますので、確定申告をしなくていいわけです。当時、私は御殿山《ごてんやま》に住んでおり、急に品川税務署が、「あなたはプロ野球の外国人助っ人選手と同じなんですよ。日本で収入を得ている以上、確定申告して税金を払わなくてはいけない」と。しかも過去5年間分ぐらいが一気に来たわけです。

副島　２００１年、２００２年と2年間、日本で開催した「イブラ音楽財団」の活動に対して、「それはあなたの道楽でしょう」と言われたわけですね。

デヴィ　そうなんです。私は１９９０年から、ニューヨークでイブラ音楽財団というものを作って、コンサート・ピアニストとか、オペラ歌手の卵の育成に力を入れて参りました。イブラというのはイタリア・シチリア島にあるローマ時代の古都なんです。私のパートナーがイブラの出身なものですから。毎年世界中から200余名のアーティストを集めて、コンクールを開いて、そこで優勝した人、入賞した人に、ニューヨークのカーネギーホールでコンサートを開いてあげるのです。うずもれている才能のある人たちを世界に紹介する活動でした。毎年15〜16名ほどでしょうか。ニューヨークのカーネギーホールの後に、日本でも、新宿の初台《はつだい》にあるタケミツメモリアルというオペラホールでコンサートを開いてあげようとしたのです。タケミツメモリアルは、「毎年やるなら、少しお安い金額でできますよ」と言ってくれたので、毎年開催する契約を結んだんですね。

副島　デヴィ夫人は文化事業をおこなっていたわけですね。

デヴィ　そうなんです。パバロッティみたいな有名なオペラ歌手でしたら、5万円のチケットにプレミアがついて10万円で売れるってこともあるでしょう。けれど、無名な人たちのオペラ、ピアノコンサートですから、お客さんは来てくれません。アーティストにとって一番うれしいのは拍手喝采なんです。でもお客さまを集めようとしても、無名の人達のチケットは売れません。タダでチケットを配っても、みなさん自分でお金を払ってないから、来てくれないんです。

副島　たしかに、自分でお金を払わないと、なかなか観にはいきませんね。

デヴィ　そうなんです。客席が穴だらけでバラバラだったら気の毒なので、私がお金を出して集客してくれる会社を見つけたのです。それで、２００２年に、品川税務署の調査官が来て、「チケットを売りましたか?」と聞かれたとき、正直に「いえ、売りませんでした。会費ももらっていません」と言ったのです。そしたら、「これはあなたの趣味ですね。道楽に過ぎません」と言うんですよ。趣味、道楽だから１００パーセント贈与税の対象となる、というのです。日本でのコンサートは２回やっていたので、その分だけで、１回の開催費用が１５００万円×２＝３千万円の税金を払え、と。コンサートを開くのにかかった費用に対して、贈与税を課されました。「営利」を目的としていないコンサート費用は経費と認めないと。

副島　経費を認める、認めないの権限は税務署にはないはずなんですがね。

デヴィ　「経費にするためには、まずチケットを売っていないとダメ」と言うんです、あちらは。チケットを売ってさえいれば、毎年、コンサートの開催費用は経費として認められる。「営利」を目的として収支が赤字なら、税金を払う必要がないわけですね。日本でコンサートを開催するプロモーターたちは、毎年赤字にしておけば、税金を1円も払わないで、外国人を日本に呼んでコンサートを開けるんです。そのとき、私はこのことがすごく矛盾してると思ったので、「私みたいな人間が、埋もれた才能を発掘し応援しなかったら、いったい誰がするんですか。本当に損得無しでやっているのに、文化に寄与した人は、逆に罰せられるんですね」と言いました。本当に、**日本は、慈善活動をしたら、褒められるどころか、罰せられる国**なんですよ。アメリカだったら、慈善活動は100パーセント税金が控除されますよ。

副島　そういうとき、日本の役人（税金取り官僚）は、自分たちの理屈が世界で通用しないとわかっている。だからトボけて知らん顔をするんです。

デヴィ　それから、品川税務署の税務署員たちが悪質だったのは、そのとき、本当は私は修正申告ができるはずだったんです。ところが、その係員が「修正申告をすると、品川税務署の壁に『この人は修正申告をしました』と名前を出して貼られますけど、いいですか」と変なことを言うんです。私のデヴィという名前は芸名でなく、本名ですので、噂が広まることを恐れました。だから「それはやめてください」と言ったのです。そしたら「では、僕たちのほうでやっておきますから」と言うので、私は修正申告しなかった。その結果、彼らが作成したものは「更正《こうせい》決定」にあたることだったのです。そして重《じゅう》加算税《かさんぜい》が課されることになったのです。完全にハメられました。

重加算税とは、仮装・隠ぺいを伴う悪質な脱税行為に対して課されるペナルティで、本税に対し35パーセントもの高い税率が設定される。2002年7月に「更正通知」が送られてきてから1カ月以内に、デヴィ夫人は億に近い税金を支払わなくてはならなくなった。全くヒドいやり口だ。

副島　修正申告は納税者（国民）の権利です。それを税務署はダマしてやらせようとしない。そして、税務署の自分勝手な判断で、このケースは「悪質だ」と判断されると、重加算税を課されてしまう。重加算税はものすごく高利な懲罰的な課税です。

デヴィ そう。私にわざわざ修正申告をさせず重加算税を。騙《だま》し討ちです。そのうえ、彼らは週刊誌にタレ込み、私はヒドい目に遭いました。

重加算税は、税務署員にとってのホームラン

副島 役人は、平気でそういうことをするんですね。私は税理士から聞いたことがあります。税務署員の内部での能力評価は、野球でいう①打率、②打点、③ホームラン数で決まる。税務調査に行ってバッテンをつければ①ヒット（打率）。新たに課した税金額が②打点に当たる。そして納税者の不正を発見したことの証《あかし》でつけられるのが重加算税です。この重加算税をつけられたら③ホームランに値する。税務署員たちは、重加算税を課すだけの「悪質」な事例をつねに狙っている。そういうヒドいことを税金取り役人は平気でする。それで、デヴィ夫人が納税申告をしたら、今度は「申告をしたということは、あなたは非居住者《ノンレジデント》ではないということですね」と二重にひっかけてくる。この手口はきわめて穢《きたな》いんです。

デヴィ　この税務署員は、この後、日本橋税務署に栄転したと聞きました。私は新たに胸を痛めました。この頃、私はニューヨークと東京を行ったり来たりでした。当時頼んでいた税理士は、近所の人で、街の魚屋さんの税務申告をやったりする人だったんですね。

副島　お金の計算しかできない税理士がたくさんいますから。

デヴィ　その税理士が税務署員に対してお世辞ばっかり使うんです。自分の宣伝ばかりして。

副島　実は税理士は、税務署から「お前、バッジを外《はず》したいのか」と脅される時代になっている。「あんまり客（顧客、依頼人）のためにばかり熱心になると、いいことはないぞ」と脅してくる。公認会計士、弁護士に対してもそうです。国家からお免状をもらっている立派な職業だから、国税庁や財務省を敵に回したくないんですよ。税理士は、それぞれの地区の税務署の入り口に、名前の札を貼られている。あんな職業、他にないですね。つまり「税務署の手先になれ」と言われているようなものです。お前たちは国税局、税務署の家来、子分なんだと。

もっと本当のことを言うと、税務署のスパイになっている税理士もたくさんいるんです。税理士の6割は元国税庁の職員ですから。こういう現状を国民に暴いて教えないといけない。中小企業の経営者や資産家たちが、国税上がりの税理士を雇って、自分を守ってくれると思っているとしたら大間違いですよ。自分の会社（法人）や家庭のお金の動きは、その税理士を通じて、国税庁にバレていると思ったほうがいい。

デヴィ　でも、確定申告書なんて素人には書けないですよ。私はいまだに書けませんから、ぜんぜん。見ても判りません。

副島　本当は、税務署員の目の前で「これでいいですか？　これでいいですか？」と聞きながら申告すればいいんです。彼らは納税申告を助ける義務がある。税務署員は、入ってきたお金にしか興味を持ちません。5千万円～1億円が入っている。しかしその金額が帳簿に書いてない、となると大変な手柄になるんです。それに対して出ていく方のお金のことには全く関心を示さない。出ていくお金は経費あるいは損金《そんきん》ですから。経費はなるべく認めない、というのが税務署の立場です。そして、入ってきた金《かね》をきちんと処理してないとなったら、それはすぐに「脱税」と騒ぐことができますから。

デヴィ　取れそうなところからできるだけ取ろうという感じですよ。私のように後ろ盾が何もない人間からは、とことん取ってやろう、と。私は、日本に帰ってきて、会社を作って、一生懸命働いて雇用もして税金も払っている。日本にお金を落としているんですから、感謝されてもいいのに。なぜ、私からこんな毟《むし》り取ろうとするのか、不思議でたまりません。

副島　日本は、一代ではお金持ちになれない国です。役人、官僚が金持ち、資産家いじめをやる。法律を役人たちが自分たちの都合のいいように作って解釈する。一生懸命にがんばった人が報われない国だ。日本では、法律は官僚たちが作ったものだけが法律です。法律を国会議員（国民の代表、代理人《レプレゼンタティブス》）が作っていない。おかしな国です。立法府の立法者（law makers ラー・メイカーズ）即ち議員たちが法律を作っていない。みんな官僚の作文です。そしてこのことを国民の多くが知っている。

このおかしな現実を誰も訂正しようとしない。税法に合致していても、「実質的には」と税務署が言ってくる。法律に合っている行為を税金官僚がとがめだてしてはいけない。法律は形式です。国民はこの形式を守っていればそれでいいのです。「実質的には○○

の節税ですよね」と税務署員が言い出す。ドイツやフランスでは、公認会計士が認めたものは、「経費《エクスペンシズ》」としてすべて通る。税務署にあれこれ言わせない。「入ってきたお金は収入。出ていったお金は経費である」で、いいのです。納税者がそのように申告したら、国家があれこれ言うことはできない。ただし、お金が実際は入ってきていないのに、入ったとし、出ていないのに出た、と帳簿に書いたらダメです。私は弟子のひとりの公認会計士からそのように教えられました。お金の出し入れの事実を申告しているかぎり、経費として認める認めないは、税務署ごときが決める権限はない。私は言ってやりました。「経費だと認める認めないの権限があなたたち税務署員にあるのか？」と、そしたら「いや、ありません。あくまで『慫慂《しょうよう》』です」とはっきり言いました。慫慂というのは「おすすめ」という意味です。経費かどうかを決める権限は裁判官にしかないのです。

2度目の辛酸。不動産売却益への二重課税

副島　デヴィ夫人はヒドい目にあっていますね。パリの不動産を売ったのに、売った額の2パーセントしか手元に残らなかった、と。

デヴィ　そうなんです（笑）。98パーセントなくなってしまいました。私のように、一匹狼というか、大きな組織のサポートが無い人間だと、痛めつけてもどこからもクレームが来ないからやりたい放題なんです。パリのアパルトマンを売って3割3分の税金を払いました。それから弁護士費用なども入れて、フランスで4割払ったのです。残りの6割を日本へ送金しました。そしたら、それにもさらに税金をかけられたのです。

副島　二重課税ですね。

デヴィ　本当に二重課税なんです。46年前、パリのアパルトマンを購入したのは、法人名義でした。それは当時、インドネシアの政変直後で、暗殺される可能性もありましたから、私の名前を出せなかったためです。ペーパーカンパニーで私だけの会社だったのです。その私の会社を売ったお金を日本のデヴィ・スカルノ個人口座に送金しました。

そしたら、今度は渋谷税務署が、「法人名義であり、不動産売却に対しては『配当』となり、税金がかかる」と言うんです。フランスで、すでに税金を払った不動産に対して、日本でも税金を払わないといけないなんて。信じられません。なんで40年間外国に住み、外国で資産を処分したことに対して、追いはぎにあうように、日本でさらに税金をかけられなくてはいけないのでしょうか。

副島　ここでは税務署は「形式」から攻めてきたわけですね。個人から個人への送金、あるいは法人から法人への送金なら税金がかからない。ところが、法人から個人に送金したから「配当」だと。渋谷税務署は、あなたから実情を聞き、書類もそろっているのだから、「実質的には」二重課税になるので、残りの6割に課税するなどということはできないはずです。それなのに、「形式」だけで突っ走って、さらに課税したわけですね。あなたから金《かね》を取りたいの一心でやったわけです。裁判では、丁寧に説明すればひっくり返せたのじゃないですか。

デヴィ　いいえ、最高裁まで闘いましたが、結局ダメでした。弁護士の先生方からも、「3パーセントの勝ち目しかないけど、やってみますか?」と言われました。最後まで努力してダメだったら諦めようと。その3パーセントに賭けたのです。弁護士が書いてくれた意見陳述書はすごく立派なものでした。当の税務署員が読んで「ギュッ」と胸がつまる思いがしたはずです。それが通らなかった。なんて不思議な国かと思いましたね。

副島　世界基準での税制に基づいた陳述書だったわけですね。

デヴィ　そうです。フランスの弁護士からの手紙も添えて。フランスの弁護士は、「不動産を売却した場合、その国で税金を払う。フランスで払ったのだから、法人といえどあなた一人から個人に送金しようがしまいが関係ない。日本で新たに税金を課すことはできない」と。

副島　そうです。それが世界基準の税制の考え方ですね。こういうとき日本の国税庁は「日本の国内法の形式的解釈」で主張して押し切るわけですね。

デヴィ　渋谷税務署員から「この外国からの送金は何ですか?」と聞かれまして、堂々と、「フランスで不動産を売った残りのお金です」と言っちゃったのです。そうしたら、法人名義から個人名義の送金は、「配当」に当たると。日本はまず全納税者に、日本の税法を教えておくべきです。他にも一度、悪徳不動産業者にハカられ、裁判に負けて2

千万円取られました。

副島 **裁判官も国税庁とつながっているん**です。税金を取る側の味方をする。裁判官が中立で、第三者なんてのは、ウソです。日本の裁判官たちは法務省に頭が上がらない。まるで法務省の役人（〝赤レンガ組〟という）たちに雇われた現場監督みたいです。自分たちが行政官ではなくて、三権分立《さんけんぶんりゅう》に基づく司法官なのだという自覚がなくなっている。日本では、税金の法律を「実質」か「形式」かを自分のいいように、使い分けて税金をできるだけ取り立てる。そんなことが自由にできると思い込んでいる。

日本で急速に強まる金融統制

副島 ここ5年、10年、日本の資産家たちは、どんどんお金を国外へ逃がしています。真剣に将来を考えて、自分の家の財産を守ろうという人は、そうしています。以前は銀行送金で、10億円、20億円を移しても、何も跡が残らなかった。ところが、ここ2、3年は、たった50万円でも海外送金するとチェックされて、居住地の税務署に届けがいく。

銀行までもが「何のお金の送金ですか。何に使うのですか」と聞いてくる。まったく失礼な話です。どうして国家がこんなことまで口出しするのか。マネーロンダリングとか、振り込め詐欺を防止するためにとか説明します。本当のところは、いよいよ政府による金融統制《きんゆうとうせい》、国家統制《こっかとうせい》が厳しくなっている。資産家たちは、今もどんどん国外に資産を逃がしていますよ。香港、シンガポールなど低課税国家に資産を移すのは当たり前のことになっている。

デヴィ　私も、これまで2回も国税庁に大きくやられましたので、何とかして日本に関係ない外国の財産を守りたい。これ以上余計な税金を払うまいという気になってしまいます。それまでは、アメリカ人みたいに、「たくさん税金を払えることは誇りだ」と思っていたんです。高額納税者は人々から尊敬され、勲章があっていいと思います。イギリスやシンガポールでは高額納税者はタイトルをもらえるんです。アメリカなら、立派な劇場ですとイスの後ろに寄付した人の名前が書いてある。

副島　日本は、お金持ちや税金をたくさん納めた人に対する待遇が、全くなっていない国ですね。

デヴィ 税金をたくさん払った人たちへの配慮があっていいはずですよね。

副島 少なくとも、社会が名誉を与えないといけない。頑張って努力した人を褒《ほ》める社会でないといけない。

デヴィ シンガポールではDato「ダトー」というタイトルをもらえますよね。イギリスだって「サー」（準男爵）という称号がもらえます。ビートルズはレコードを世界中に売って、ものすごい収入をイギリスにもたらしたから、全員「サー」という称号をもらいました。

副島 多額の納税者に名誉をあげなくちゃいけない、という考え方ぐらいは、自民党の支持者たちなら理解してくれるはずです。ところが自民党の支援者である地方の資産家たちが、税務署にやられてすっかり萎縮《いしゅく》してしまっている。親子三代にわたって狙われる。「派手なかっこうをするな。目立つことをするな。目立つと税務署にやられる」というのが、お金持ちや資産家の家訓《かくん》になっている。

デヴィ テレビに出て派手なお金の使い方をしていたら、税務署にやられますからね。

副島 本でも、20万部売れた作家は税務署が調べますね。必ずやって来る。私も本がドーンと売れた次の年に、やって来ましたから。それで、過去3年にさかのぼって取るんです。私の大学時代のゼミ仲間に、国税庁の準キャリアになっている者がいる。東大法学部卒以外は「準キャリ」というんです。昔そいつと酒を飲んだときに、言っていましたよ。お金持ちの家ごとに税務署に「黄色い封筒」がある。税務署員は2年ごとに異動していきます。が、個々の金持ちについてのお金の動きは、証拠書類を全《すべ》て一つの封筒に入れて代々引き継がれていく。そのようにして情報がたまっていって、封筒が黄色くなっていくんだそうです。そしてハッキリ言ってましたよ。「親の代で取れなかったら、子供の代で取る。子供の代で取れなかったら、孫の代で取る」と。それが国税庁というものなんです。「副島さあ。金《かね》の動きを洗えば、その人間がどんな動きをして、何を考えているか、ぜんぶ分かるんだ」とまで言っていました。国税庁というのはそういう組織なんです。だから、大企業の経営者たちや国会議員（政治家）たちも国税庁とその親分である財務省がコワいんです。税務調査で痛めつけられたら大企業のトップたちも政治家もこたえます。だから、日本では官僚の方が政治家や財界人より強いんです。こういう財務省＝国税庁の考え方をのさばらせるから、日本に、正しい秩序と文化、教養、芸術が育たないんですよ。文化、教養、芸術に出されるお金まで税金として取ってしまうというのは間違いだ。そんなのは贅沢で浪費だ、だから税金として奪い取って、代わりにオレたち税金官僚さまが使ってやる、という考え方を彼らはしている。それで国家が芸術団体や劇場ホールも作ってあげるという発想になる。それではダメなんです。役人、官僚が経営すると、どんな文化施設も全くダメになる。

デヴィ　全くダメですね。

副島　文化、教養、芸術に対して資産家、金持ちがお金を使うことに税務署が文句を言っちゃダメなんです。「あなたの道楽です。そのお金には課税（贈与税）します」などと言ってはいけない。国民運動を起こさないといけない。そうしないとこの国から壮麗な芸術作品や立派なお屋敷がどんどん無くなってしまう。

デヴィ　本当に。この前、駐日ギリシャ大使の奥様が言っていましたよ。麻布界隈《かいわい》にあるギリシャ大使公邸は、それほどすごいお屋敷ではないんですけど、周りの家は昔はすごい素敵なお屋敷ばかりだったんです。でも結局、お父様が亡くなって相続税だなんだでみんな売り払って、その後に賃貸マンションが建ってしまう。麻布界隈の風貌がすっかり変わってしまったと嘆いておられました。高い税金のおかげで古く美しい街並みが壊されていく。お金持ちはいなくてはいけない存在だと思うんです。画家でも、建築家でも、作曲家でも、アーティストは、昔から王様や貴族が衣食住すべての面倒を見ていたでしょ。

副島 そうですね、パトロンになって。

デヴィ そう。面倒を見て、いい建物を建てさせ、いい曲を作らせ、いい絵を描かせる。でも日本はお金持ちを滅ぼそうとしている。お金持ちがいなくなったら、その土地にみすぼらしい公共の公園ぐらいしか造れない。美しい個人のお家《うち》がどんどんなくなっているでしょ。

副島 相続税がものすごく高くなってしまいましたからね。

デヴィ ええ。55パーセント（最高税率55パーセントが課されるのは相続資産6億円以上の場合）なんてありえないですよ。香港は14パーセント。シンガポールは16パーセントですから。香港やシンガポールに移住する人が多くなるのも当たり前ですよ。それから贈与税で取ってしまう。親が一生懸命に働いて、子どもに残してあげたいという気持ちは当然でしょう。相続税や贈与税をもっと減らすべきですよ。

副島　ほんとですね。贈与税も税率を上げようとしてますね。ある程度の貧富の差は、世の中にどうしても有るものであって、それを国家の名前で、貧富の差をなくす、というのは間違った考えだ。金持ちから財産を取り上げて貧しい人々の福祉に使う、という理屈を税金官僚たちは立てる。これを「税制による所得の再分配《さいぶんぱい》機能」というんです。しかし、そんな国家＝政府＝行政＝官僚が、平等社会を実現するのだ、などというのは思い上がった考えである。政府にそんな権限はない。政府《ガヴァメント》というのはそういう組織ではない。国税庁が「格差社会《かくさしゃかい》を是正する」とか平等社会を作る、なんて主張してはいけない。また、そういうことはどうせできないと、しっかり自覚すべきなんです。勘違いもはなはだしい。

デヴィ　こんなに税金を取り立てておいて、無意味だと思うぐらいのムダ使いをするじゃないですか。最近、私がすごく腹が立ったのは、東日本大震災で特別に2千億円を国が出して、47都道府県に40億～50億円ずつ配ったというんです。岩手、宮城、福島の東北三県の人が日本全国に散らばって職を求めるから、そのための機関を作るんですって。

そのお金が出会い系サイト対策に使われたり、めちゃくちゃなんです。

副島 すでに4兆円から5兆円が、被災地対策で出てるはずです。復興予算全体では20兆円ぐらいになるはずです。実際の使い道を全く明らかにしないですね。税金の使い道を監視する機関がないんです。

現金で海外に逃がすしか方法はない

副島 日本の国税庁は、いまも財務省の建物の5階にあるんです。だから国税庁という建物（ビル）はないんです。わざとそうしているようです。だから財務省＝国税庁なんです。これで睨《にら》みを利《き》かせる。財務省の準キャリアと、国税庁生《は》え抜きのキャリア、でも実際は準キャリアが居るところです。それ以上にはあまり出世できない人たちです。

デヴィ 皇居の前ですよね。私も行きました。呼び出されて2回くらい。

副島 全国を12に分けてそれぞれに国税局《こくぜいきょく》というのがあります。一番威張っているのは、東京国税局。千葉県と神奈川県と山梨県を含みます。私は埼玉の大宮に家があるので、ここは関東信越国税局（略して関信《かんしん》）というのです。神奈川までは東京国税局。静岡から向こうは名古屋国税局の管轄《かんかつ》になる。それぞれの国税局に査察《ささつ》部＝マルサがいる。その下の税務署には資料調査部＝リョウチョウと、特別調査官＝トッカンがいる。彼らが失礼なのは、経営者や資産家の家に行って「社長、立派な家具をお持ちですねぇ」とか、「これ、いくらしましたか？」とか、個人のプライバシーに関する侵害を平気でやるんです。そうやって脅し上げるんですよ。

デヴィ 私の友人のところに東京国税局のマルサが来ました。朝8時に100人くらいで来たというんです。オフィス（会社）に50～70人、同時に200人くらいの態勢で来た。奥様がお子さんを幼稚園に連れて行かなくてはいけなかったのですが、幼稚園まで査察官がついてきた。

副島 マルサは査察に入る1年前から、全部調査していますからね。税務署員が言っていましたよ。「国内のお金の動きはすべてわかります。奥様の口座まで調べさせていただきました」とハッキリ言いました。ただし、外国に逃がしたお金は、調査できないんです。

デヴィ　でも、それだって厳しくなっていますよね。いまは、日本の国税は外国の銀行に預けた日本人の預金のことを相当知っていると思います。

副島　2国間の「情報交換協定《じょうほうこうかんきょうてい》」というものができています。租税条約《タックス・トリーティ》を結んだ国どうしでは、情報を互いにもらえるようになった。たとえばオーストラリアとの間では、両方の国民の銀行口座の金額までが暴かれるようになった。ただ、税務調査となりますと、それぞれの国の縄張りがありますから。日本の国税庁員が、ドカドカ外国で動き回ることは簡単にはできないんですよ。外国の警察と税務当局が勝手な動きをすると殺し合いになります。

デヴィ　そうですか。外国の銀行であっても？

副島　アメリカの銀行はどうだかわかりませんが。たとえばイギリス系の香港上海銀行（HSBC《エイチエスビーシー》）などは口が非常に堅い。クライアントを守る姿勢がしっかりしている。日本の国税庁からの問い合わせに対しても、よほどのことがないと顧客の情報を外国の税務当局に開示することはない。日本だって、戦前や戦後すぐぐらいまでは、銀行の支店長が「いや、これはお客様の秘密です。いくら税務署であっても、見せることはできません」と突っぱねていたんです。ところがいまは全くダメです。平気で自分から丸裸になって、いくらでも見せてしまう。

デヴィ　「税務署が調べに来ましたけど、お教えしてもよろしいですか?」という連絡もして来ない。教えちゃってから、その後で「税務署が来たので、(書類を)出しました」と、事後報告ですからね。

副島　私もそうでした。ヒドいものですね。個人情報保護法もへったくれも無い。税務署員が公然と法律違反をやっているわけです。帳簿が見れないときは、「横目(ヨコメ)」といって、他の人の税務調査をするふりをして同じ帳簿にある、たとえばデヴィ夫人の記録を盗み見るんです。国民の私生活の秘密(プライバシー)を守っていないんです。なんでも丸裸にして全て国家が統制していく。金融統制、経済統制、思想統制、生活統制ですね。もうすでに統制社会になっていると私は思っています。だから、いまのうちに、それらから防衛する態勢をひとりひとりが作らないといけない。では防御するにはどうするかを考えると、資産を「逃がせ、隠せ」ということになります。私が昨年書いた『税金官僚から　逃がせ隠せ個人資産』(幻冬舎)がベストセラーになりました。

デヴィ　でも、いまは逃がせ、隠せはできないでしょう？

副島　できませんね。ただし、体にくっつけて持って逃げるくらいはできる。

デヴィ　現金をですか？　それしか方法がないんですね（爆笑）。

副島　それしかない。それから、金《きん》一枚（1キログラム）ぐらいは身につけて海外に持ち出しても文句を言いません。いまは4百数十万円です。出入り自由にしてあります。御婦人方が身につけている宝飾品もある。空港での身体検査というのは大変なことですから。人の体に触ってまで調べるというのは、役人だってやりたくないんですよ。

デヴィ　でも、いま日本人は外国で口座を作れなくなっているでしょ？　私が聞いたところでは、アメリカでは、日本人は新しい口座を作れない。だからみんなシンガポールに行っちゃうんですね。

副島　そうです。アメリカ国民に対するアメリカ国税庁（IRS《アイアールエス》）の締め付けはものすごく厳しい。アメリカは世界帝国《ワールド・エムパイア》ですから、自国民をどこまでも追いかけていく。シンガポールはこの4〜5年で人口が50万人も増えました。たった500万人の人口なのに。ヨーロッパの金持ちたちがシンガポールに移住している。さらにインドやアラブ圏からも金持ちたちが永住権（パーマネント・レジデント・ライト）をもらって集まって来る。世界規模での「逃がせ、隠せ」が現実に起きている。この現状を隠しても仕方がない。タイのインラック前首相なんかは、「所得税を15パーセントに下げるから外国の資産家のみなさん、タイに来てください」と言っていました。そうやって外国からの資金が低課税国に入ってくるわけです。オバマ大統領も、だから本当はアメリカの所得税、相続税を20パーセントまで落としたいと思っている。そうしないと、アメリカからどんどんお金が逃げてしまうからです。

デヴィ　逃げたお金はどこに行くんでしょうね。

副島　最終的には、ニューカレドニアとか、トンガとか。いまではケイマン諸島やBVI《ビーヴィアイ》（ブリティッシュ・ヴァージン・アイランド）も、ネット上に個人情報が大量に漏れ出てしまって、必ずしも安全でなくなった。とんでもないところでは、北朝鮮に逃がしているそうです。アメリカのスポーツ選手を中心に。アメリカ政府の手が及ばないですから（笑）。それら租税回避地（tax haven　タックスヘイブン）までは徴税権が及ばない。税務調査に行けないんです。それぞれの国家主権《ソブリーンティ》を持っている小さな島国ですから。

だから、TPP《ティーピーピー》（Trans-Pacific Strategic Economic Partnership Agreement）で、アメリカ政府の警察官や税務署員が外国まで行って調べられるようにしたいんです。

デヴィ　バミューダ諸島とか、いろんな国があるじゃないですか。でも、あれも信用できないと思うんです。私は昔、アメリカの二大銀行の1つに預けてあったお金で、「税金が無いから」と勧められて、ナントカ諸島のファンドを買ったことがあるんです。

副島　その銀行の子会社がやっているヘッジファンド（投資信託）ですね。

デヴィ　そうです。それでそのファンドを解約して、「送金してください」と言ったら、1カ月ぐらいかかったんですね。私が生きてて、「まだですか」「まだですか」と催促したから返ってきましたけど。もし私がポックリ逝った場合、そのお金が娘に戻るかといったらわからないですよね。怖いなあと思ったんです。アメリカの二大銀行の1つがやっている商品なのにですよ。

副島　確かに外国に逃がすリスクはあります。それでも、それを覚悟して仕方なく逃がしている人がたくさんいる。東京で噂になっているのです。たとえば90歳くらいで、元スポーツ選手で有名だった。その息子さんたちは60代なんです。その人たちがどんどん東京からいなくなっている。何度も往復して現金で持ち出しているというのです。そうしないと、相続税で取られちゃうから。現金で海外に逃がすと、「あの預金は生活費で使っちゃいました」といえば、理屈になるんです。国内に土地、株、預金で持ったままだと、全部調べられていますから。

日本を捨てるしかなくなりつつある

デヴィ 私が、税金の延滞税を払い終わったのは、つい最近なんです。一度に払うなんて癪《しやく》に障《さわ》ってできませんでした。待たせるだけ待たせてあげようと。月に60万円くらい。ずっと延滞税を払っていましたから。

副島 延滞税の金利は14・7パーセントですよね。年率15パーセントがサラ金対策の利息制限法の上限です。それよりもほんのわずかに低い。これが国税庁がやっていることです。サラ金の取り立てと同じぐらい厳しい。ほとんど国家暴力団ですよ。

デヴィ なぜ延滞税が発生するかといえば、税務署員が、問題があった申告の年に来ればいいのに、わざと3年後に来るからです。

副島　国家がやることではないですね。その悪質さは。

デヴィ　本当にそう思います。その時点で、延滞税だけで数千万円ほど払わなくてはいけなくなる。もう外国からの送金は二度としたくなくて、日本の銀行からお金を借りて、とにかく元金と多額の都民税を払いました。まるで税金を払うために帰ってきたみたいです。そして税金を払うために働いているみたいです。

副島　デヴィ夫人も本当に税務署に狙われ続けですね。税金というのは、できるだけ取らないのが正しいことなんです。税金は取らないことが正義なのだ。そういう教育がぜんぜんできていない。取るのが当たり前、という考え方がおかしいんです。昔だと、土地税（地租《ちそ》）しかなかった。本当のお金持ち層だけに課した土地税しかなかった。所得税なるものができたのは1940年ですからね。太平洋戦争直前です。普通の人々から税金を取るようになってから、まだそれほど時間が経《た》っていない。いまの税金制度の根幹は、申告納税《しんこくのうぜい》制度です。「私は今年はこれぐらいを国に税金として納めます」と言えば、それ以上のお金を取ってはいけない。

デヴィ夫人は世界基準《ワールドヴァリューズ》の上流社会《ハイソサエテイ》を生きてきた女性だ

週刊誌メディアで50年以上も叩《たた》かれながらも自分が気づいたこの世の真実を語り、人々に伝えてきた。私は彼女の言論活動に最大限の敬意を抱いている。

デヴィ　サウジアラビアや、ユナイテッド・アラブ・エミレイト（UAE《ユーエイイー》アラブ首長国連邦）は無税ですもの。アラブ・エミレイトは、国民に政府が家まで与えてくれます。家族が7人なら大きな家。5人までなら少し小さい家。衣食住全部出してくれる。インドネシアも収入の低い人は無税。イスラム国家はみなそうです。私も本当に、自分の体が弱って、もう日本に税金を納めるだけになったら、残念ながら外国に出ようと思っています。

副島　国を捨てるしか他に手段がなくなりつつあるんです。

デヴィ　絶対に出なければならなくなります。私の資産を娘に受け継がせようとすると、何億円という相続税を私の娘が払わなければなりません。それは不可能です。国に取られるくらいなら、いつか会社を処分して私に尽くしてくれた人達にお礼をしたい。外国に行き、時々日本へ遊びに帰って来る、というようにしようと思っています。

副島　それが正しい判断だと思います。デヴィ夫人はたくさんの日本の庶民層の女性を味方にかかえておられるんでしょうから、「相続税を何億円も払えなんて、私の生活が成り立たないし、日本の資産家層はみんな苦しんでいるんだ」と、現実を徹底的に訴えるべきですよ。

デヴィ　本当に、40年住んでいた、日本に全く関係ないパリの家を売って、2パーセントしか残らなくて。渋谷の家も、相続税のために売らなくちゃいけなくなったら、悲し過ぎます。だって、うちの娘に「数億円、税金を払わないといけない」と言ったら、「ママ、いらないわ。私、そんなことに使うお金無いから」と言うに決まっていますから。

副島　国家がすべてを取り上げる体制に突入しているのです。私はそのことを自分自身の体験を通して『私は税務署と闘う　恐ろしい日本の未来』（ビジネス社、2005年刊）という本に書いて出版しました。

デヴィ　完全にそうですよ。完全に取り上げられちゃう。

副島　税金官僚たちは、全部自分のものにしようとしているんです。貧しい層の人たちの妬《ねた》み、嫉妬《しっと》の感情を盛り立てて、煽動《せんどう》して金持ちに襲い掛かるんですよ。

第二章

「相続税はただちに廃止せよ」

400億円もの相続税を支払い、嫌気がさした
神内良一・消費者金融プロミス創業者

神内良一（じんない りょういち）
プロフィール

1926年、香川県の農家の三男に生まれる。香川県立木田農業学校（現・香川大農学部）に進学。1962年に大阪でプロミスの前身となる関西金融を創業。1997年、北海道に神内ファーム21を設立。「克冬制夏《こくとうせいか》」（冬を克服し夏を制御する）をコンセプトに、北海道での農業に挑戦している。

最新の２０１４年のフォーブス誌「日本の富豪50人」ランキングで34位。資産総額は１１４４億円である。神内良一（87）氏こそは、本当の資産家といえるだろう。１９９７年に70歳で北海道の札幌の北、人口２１００人の小さな町・浦臼《うらうす》町に、６００ヘクタールの土地を買い、〝人助け〟に残りの人生をかけている。

神内氏が「相続税を廃止せよ」という考えに到達したのは、２００１年だった。同年４月、神内氏の長男である英樹氏が47歳の若さで急逝した。プロミスの株式１９３８万株を保有していた英樹氏の遺産額は、約１５７８億円。約２４００億円だった松下電器産業創業者の松下幸之助氏、１６５０億円だったブリヂストン元会長の石橋幹一郎氏に次ぐ歴代３位の遺産額だった（当時）。支払った相続税は、４００億円以上。これだけの資産を築くまでに所得税をたっぷり払い続け、さらに死んだ時点で相続税を課される二重課税だ。相続税を廃止している国は世界中に30カ国もある。いまの高税率の相続税制の日本から、富裕層は仕方なく国を捨てざるを得ない。

神内　プロミスを創業して40年やりましてね。私は、大正15年つまり昭和元年生まれです。昭和とともに生まれ、昭和とともに生きてきた。そんな考えが常にあったものですから、昭和が64年の1月（昭和天皇崩御）に終わったとき、消費者金融の営業商売を止《や》めて、福祉事業をしようと考えたんです。だから、経営からは事実上手を引き、責任ある立場から退いたのです。プロミスの仕事は、その後10年ほどは続けましたがね。プロミスの株式は全部銀行に売りました。その資金を農業と国際福祉に向けているわけです。ここの農場と2つの福祉財団で500億円は使いましたな。もうね、いまは儲けることは一切考えておりません。それよりも使うことに一生懸命になっていますよ（笑）。この農場も実験なんですよ。北海道でマンゴーを作ったり、黒毛ではない赤毛の和牛を飼育したり。全く儲かりません（笑）。この間、浦臼町に1億円寄付した。1997年に移り住んで、20年農業をやれば、あの世に行くだろうと思っていたんです。それがいま、17年もできてね。あと、3、4年はできるかなってことで、御礼の意味で地元に寄付させていただきました。残っている資金はもうわずかですよ。

副島 神内さんはご自分の資産を使い切ろうとしているわけですね。自分が稼いだお金は世の中にお返しするという考えなのですか？

神内　そうです。日本国際協力財団のほうは、日本国内は生活水準が上がっていますから、満州（中国東北部）、ブラジル、南太平洋…。他人事《ひとごと》とは思えないんですね。いまは東南アジアに重点を置いて、次はアフリカ。それでちょうど終わりになるかな。資金的にも私の寿命という点でもね。

副島　すばらしい考えですね。そしてそれを計画的に実行されている。橋下徹《はしもととおる》大阪市長が、いまは少し抑えつけられて元気が無いですが、「財産は一代で使い切ってしまえ」「クレジット・カード型人生」という考えを打ち出しました。神内さんも同じ考えですか？

神内　私もそうですね。息子はもう亡くなっており、私には農地法人の法定相続人はおりません。女房と孫たちからも了解を取り付けておりまして。遺産は、全く残さないつもりです。国からであれ何であれ、あれやこれや人から言われるのはもう嫌ですから。自分のやりたいことに使おうと。

副島　それを潔く実践されているからすごいですね。代々続いている素封家《そほうか》と呼ばれる農家の地主とか、明治から続く大企業の創業家とか、代々の資産家の皆さんは「相続税でたくさん取られるのはかなわん」という考え方です。神内さんも、２００１年に長男の英樹さんが亡くなられたときは大変な思いをしたのではないですか？

神内　息子が亡くなったときは、ちょうどプロミスの株価が約5千円と高いときでした。4百数十億円納税しましたね（2002年）。それだけ払ったのに国はハガキ一枚送ってこない。そりゃ腹が立ちますよ。だから私は、もう財産は残さないと決めたのです。これ以上、国に持っていかれるなんてね。

副島　400億円以上も相続税で取っておいて、それで礼状の一枚も寄越さない。ヒドい役人たちですね。税金取り官僚というのはちょっと頭がおかしい人たちですね。いまでは日本のほうが中国よりも、共産主義国家になってしまっている。今は中国のほうがずっと個人の努力や活力を認めている。中国にはものすごい数で富裕層（1千万人くらいいる）が出現している。日本は自由主義で民主政体《デモクラシー》の国だ、などと威張っていますが、言っていることとやっていることがひっくり返っているんですよ。日本は官僚統制の共産国家です。

神内　私は遺産を残さんからもう相続税は関係ないけど。これまでの資産を築くうえですでに税金を所得税で払っているわけです。その上に**相続税を取るのは二重課税**ですよ。

相続税なんかを取るから、ヨーロッパのような代々で築き上げ、大きくなっていったお城やお屋敷が日本では無くなってしまう。日本の場合は一世代終わったら、また初めからやらないといけない。これでは大きな仕事はできませんよ。

副島 相続税を廃止している国が世界中に30カ国もあるんですよ。

神内 そうですか。相続税は廃止すべきです。

副島 財産を世の中のために使いたい人は使えばいい。そして子どもに財産を残したい人は残せるようにしないと。日本は問答無用で税金官僚が、「半分は国に寄こせ。俺たちが使ってやる」という国です。なぜそんなことが法律という刃物を振り回してやれるのか。

神内 みな苦労して作ったお金ですから。その人が築き上げた資産を、社会貢献に使ったり、新しい事業をやることに、思いのままに使えるようにしないといけません。相続税によって、それがその人一代で終わって、また一からやり直しというのではあんまりですよ。かつての財閥には悪い点もありました。けれど、明治・大正・昭和にいたる日本の発展の大きな力になったんですよ。

副島　そうですね。「資本《キャピタル》の蓄積」という重要な課題です。いまの日本の税制はお役人サマ中心です。自民党の政治家たちが税金制度の政策立案をやっているようには見えない。財務省・国税庁の税金官僚が、「金持ちが稼いだお金は、俺たちが代わりに使ってやる」という発想だ。これは大間違いだと私は思っています。

神内　官僚の発想という点でいえば、農水省の官僚が、最近は「農地の集約」なんて言っています。そんな簡単にはいきませんよ。先祖代々受け継いできたものを自分の代になって手放すなんてとてもできない。私がずっと言っているのは、それよりも集落単位の農業をやれと。そうすれば規模の拡大もできるし、農地を手放す必要もない。集落単位で株式会社にして適材適所で人を使えばいいんです。いろんな才能を持った人がいますからね。営業に秀《ひい》でた人、加工に秀でた人、あるいはリーダーシップを持つ人もいる。

副島　いまの農協の役割を神内さんはどのように考えますか？

神内　私は、農協さんとのつきあいはありません。避けているわけではないんですけど（笑）。農業は、自分で価格を決められるようにしないと成り立ちませんよ。ふつう物《もの》（商品）は売り手が価格を決めるけど、農産物に限っては、自分で価格を設定できない。価格の設定権が無いのです。集落単位で農業をやるようになれば、加工、営業向きの人もいるし、いろんなアイデアを出して商品づくりに長《た》けた人もいる。集落単位なら企業化でき価格の設定も可能になる、と、昔から私は言っているのです。

副島　神内さんは、あくまで地元の農家の集落単位での農業なんですね。必ずしもいまの自民党が推し進めている農業生産法人《のうぎょうせいさんほうじん》（企業による農業）という考え方ではないですね。農業の後継者がいなくなりつつあるという問題もあります。企業化しないとやっていけない、という人たちもいます。

神内　結局、農地法が足かせになっているのです。農地法の基本にある考え方は、かつての地主・小作システムが再現されるのを防ぐことにある。GHQ《ジーエイチキュー》（連合国軍の占領軍司令部）は、日本が戦争を始めたのは軍部と財閥と大地主制度だと考えた。だから地主、小作制度を無くして解放したわけです。しかし、いまどき、地主、小作制度が復活することなどありえません。農地法を改正して、企業が進出すれば、企業には知恵もあるし、商取引も知っている。いままで考えてもできなかったことがやれる。

副島　農地法と農協法を解体して、作り直そうとする動きがあります。私はそんなに簡単には進まないし、進めるべきではないと思います。TPPが結ばれれば農協への圧力もあるし、これから農家への補助金も出なくなる。農業は企業化していかざるをえないわけですね。もっと率直に言うと、人間は能力のある人もいれば、ない人もいる。農業生産の上手な人と下手な人がいる。下手な人たちは給料制の従業員にしてもらった方がいいという人たちもいる。この点で、何でも平等（主義）というのはおかしい。適材適所で企業化すべきですね。それから、これが大事なことですが、経営の才能がない人間が人々の上に立つべきでない。

神内 それが自然な形ですから。

副島 平等、平等なんてあまり言わない方がいい。「格差社会を是正しよう」というスローガンを言い過ぎる人は少し考え直した方がいい。世の中はある程度の貧富の差があるべきだ。それがいま、神内さんがおっしゃった「自然な形」ですね。自然な形を無理やり税金制度（税制）で、平等な社会にする、というのは税金官僚たちのはなはだしいゴウマンさです。その人に向いている仕事を見つけてあげて、伸ばしてあげるのが教育だと私は思います。向かないことをやらせたらその人の為にならない。特に経営の能力というのは生まれつきの能力だと思います。父親が経営者だから息子が後《あと》を継ぐというのが当たり前ということはない。私はいろんな経営者の人と話をしてきましたが、経営能力というのは遺伝しませんね（笑）。経営者の資質は、持って生まれたものです。才能と、気合い、根性、体力、あと一つは先を見る目だと思うのです。博打《ばくち》の才能も必要であって、先を見る目のある人が経営者だと思うのですが、いかがですか？

神内　たしかに、大学で経営学を学んでも、学問的にはわかるだろうけど、実際にその人が卒業して優秀な経営者になるかは別問題ですね。

副島　全くそうですね。ハーバード大学のビジネススクールを出たからといって、大企業の中堅幹部にまではなれるだろうけど、経営者になれるわけではない。

神内　経営には一つ、度胸が要りますよ。私がプロミスを作ったときは手持ち資金がわずか27万円でした。いまから考えても冷や汗が出ます（笑）。自分でもよくそれでスタートしたなと。自分を褒める気持ちが起こりますよ。27万円からスタートして、融資残高が2兆2千億円までなりましたから。

経営者は数字に強くないとダメだ

神内氏は敗戦後、学校を出て、大阪で戦災孤児を世話する養護施設で働きながら、「こういう社会事業をサラリーマンとしてやっていてはダメだ。自分で施設を作ろう」と考えたという。その資金を作るために、1962年に創業したのが消費者金融だった。

副島　神内さんは時代の流れというものが、予《あらかじ》めわかっていたのですか?

神内　ちょうど創業した時に、「システム」という言葉が登場してきた。不況もあり、いわゆる三種の神器(テレビ、冷蔵庫、洗濯機)の普及率、そういうものから考えて、これから社会は、モノよりも自分の欲望を追求する時代に移っていくだろうと。ところがサラリーマンは結局、原資《げんし》が、サラリー(給料)しかない。月末の給料日前に、お金が必要な端境《はざかいき》期が来るわけです。でも、当時の街金《まちきん》は、融通《ゆうずう》が利かなかった。給料日の前に借りたら、翌月の給料日前に返さないといけない。一カ月単位だったから。そんなの無理です。そこに大きな矛盾があった。そうではなく、無期限、無利息、無催促、それでは商売になりませんけど、できるだけそれに近い形で、お金をサラリーマンが借りられるようにと発想したのが消費者金融でした。

副島 そのシステムを神内さんが他に先駆けて1962年にお作りになった。コンピュータというものが出現していた。それと世の中の実情を組み合わせた。そしてご自分のひらめきで作り上げた「融資のシステム」を実際の実務に当てはめたわけですね。そのとき、神内さんの考えが分かる社員はいたのですか?

神内 最初は私を含めて7人ですよ。男6人に女1人。新聞広告で募集したのです。私の理念なんてのは理解できなくて、次々にリタイアしていきました。次の世代から「こういうビジネスが必要だ」と分かる人が集まって来ました。

副島 消費者金融に対する役所からの締め付けは無かったのですか?

神内 締め付けはありませんでしたが、もちろん資金を集めるのに、出資法《しゅっしほう》という縛りがありました。私は役所に照会して出資法に書いてある「不特定多数」の定義をハッキリと聞きました。それに触れない範囲で資金集めをやったわけです。最初は友人、親戚を回って5万、10万円と集めるわけです。みな捨てるつもりの金額しか集まりません。

5年ほど経って、やっと銀行から融資をいただけるようになったのです。

副島　契約を結ぶ相手が、特定あるいは少数だと出資法や利息制限法の適用はないんですよね。役所は口出ししない。役所は取引相手が不特定多数であると認定できるときだけ規制をかけてくる。

ところが消費者金融業界は、この後、大きな締め付けを経験する。最初に起きた締め付けが1984年のクレジット・クランチ（信用収縮）だ。当時の大蔵省銀行局長・徳田博美が、銀行業界に一斉に「消費者金融への融資を引き揚げろ」と号令を出した。それまでに銀行との信頼関係を築いていなかった消費者金融業者（サラ金）は次々と廃業に追い込まれた。敗戦後、雨後のタケノコのごとく生まれた貸金業者は激減した。

神内　そのときがちょうど新しいシステム＝自動契約機を公表しようとしていたときでした。試作機を2台作りまして、このあと全国に1千～2千台置こうと、ＩＢＭと相談しているところだった。結局、便利すぎるのはまずい、というのが大蔵省の締め付けの根本的な発想でしたね。

ただね。クレジット・クランチが起こる前に、私はもう一つの新しいシステムを作っていた。私の会社には200万人近い過去のデータがあった。そのデータを元に、自動で融資金額の上限を決めるシステムを作ったのです。あみだくじのようにコンピュータで分類していく。この人には大きい額で50万円。全くダメなら0円《ゼロ》と、28のグループに分けたのです。それまでの貸金業は、人を見ぬく力が必要だった。でもそのシステムがあれば、人をいちいち細かく見る必要がない。その頃は銀行は法人にしか金を貸さない。個人貸しはしませんでした。

副島 同業者は、神内さんが作りだしたシステムを真似して、あとからついてきたわけですね。

神内 そうですね。新聞でいろいろと報じられると、同じシステムをやりたいと。

副島 素朴な質問ですが、武富士《たけふじ》の武井保雄《やすお》さんはなぜ失敗したのですか?

神内 まあ、亡くなられた人なのであまり言いたくはないですが、武井さんは数字に弱かった。経営者で数字に弱いことは大きな弱点ですよ。私は戦後、農林省の香川作物報告事務所（現・統計情報センター）に勤めた。そのとき高等数理統計学を勉強しました。あれが非常に役に立った。いまでも物事を判断するときの基本になっていますね。

副島　そうですか。経営者は数字に強くないといけないのですね。毎日数字をずーっと見ていることができる人じゃないと経営はできないですね。毎日の売り上げの金額から従業員の管理の数値まで、ずっと数字を読み続けるだけの忍耐力と適性が必要ですね。太っ腹で夢が語れて、人を上手に使うことができる、だけじゃダメですね。

神内　いまは全部数字化しているでしょ。数字がわからないとダメですよ。わたしは、いまでも桜の開花予想をやれと言われればできますよ（笑）。

結局、税理士は国税庁のスパイである

副島　わたしは、政治家（国家の指導者）も、経営の才能がある人にさせないといけないといつも思います。人望があるとか、人付き合いがいいとか、家柄がいいとか、そういうことではなくてね。経営の能力がない人が指導者になってはいけない。それは市長、

知事でも同じです。そして、役人（官僚）たちに任せてはいけない。新しい事業を開拓し、そこで厳しく利益を出すのは、役人にはできません。勉強秀才の成れの果てでしかない。役人、官僚を威張らせて、彼らに実権を握られている国はダメです。

神内　役人は遺伝、彼らが受け継いでいる遺伝子なのだろうが、代々で「役人像」というものができあがっている。彼らは枠の中で仕事をするから、枠をはみ出した発想ができないですね。

副島　そうですね。お役人さまというのは、独特の種族ですよね。政治家はどうですか？

神内　もっと勉強してもらいたいね（笑）。政治家は現場に行かなくちゃダメですよ。東京にいるだけじゃね。中国のトップは、1週間から10日、ずっと地方に行って現場に出るんです。みな何らかの専門家なんですよ。私が中国によく行っていたころは、9～10人の共産党常務《じょうむ》委員のうち、7人が何らかの専門家。残りは学者か党の人。私が懇意だった農業部の副部長は農機具の専門家で、10日～半月も現場に行く。水を手で撒《ま》いている人を見て、設計図を書きながら指導するのです。日本は大臣がころころ変わるし、現場に行っても作業帽をかぶってテレビに映るだけでしょ（笑）。

副島　600ヘクタールもある神内さんの広大なファーム（農場）には、理念や気合い、根性をもって研修にくる若い人がいるんですか？

神内　いろんな者がおりますよ。100人ぐらいいます。大半は現場でマンゴーを作って牛を飼っているんですけど。営業に向いている者は、デパートでもなんでも販路を拡大するために食い込んでいきますからね。

副島　100人が食べていける組織を作ったわけですね。

神内　私もあと何年生きるか、100歳まで生きるか、来年死ぬかわかりません（笑）。私が死んでこのファーム（農場）が終りじゃ、いまいる人たちの雇用もありますから。財団法人に全株式を譲渡して、その財団がファームを運営する体制にしようとしているんです。公益財団法人にしようと思います。

副島　いまは特定公益法人と一般財団法人に政府が分けつつありますね。一般のほうは普通の株式会社と同じで、本当は営利目的だと決めつけようとしている。なんでもかんでも税金を取りたいと動いている。私はこういうことに怒っていまして。昨年に出した本、『税金官僚から逃がせ隠せ個人資産』で、役人にケンカを売ってでも資産家と経営者を守らないといけない、と書いたのです。さらにハッキリ、「公認会計士、税理士、弁護士は役に立たない。お前たちがやっていることは全部向こうにバレている。しかも税理士たちは国税庁のスパイじゃないか」と書いたのです。

神内 税理士は、企業の側に付いているように言いますが、いざとなったら向こうに転がる。税務署出身の税理士は、「自分の後輩が中にいるから無理が利くよ」と言うけど。退官したら、現職の方がOBより強いですよ。いろんな官僚がいますが、税務官僚ぐらい、リタイアした後、現役の方が圧倒的に強い官庁はない。外から見てても明確にわかりますね。

1千億円もの資産を築いた経営者だから腹が据わっている。いまはファームの従業員の雇用を守るため奔走しているという。このファームも神内氏が考え出したシステムを元に、従業員が適材適所で働く環境が整っていた。

神内 北海道でマンゴーを作っていると、「逆転の発想ですか?」と聞かれるのです。

最後は自分の夢の実現に向かう。それが人生を全《まつと》うする道ではなかろうか!

神内氏とお会いして、やはり経営能力のある人が、国家の指導者にもならなければいけないと、強く思った。官僚任せのいまの政治ではダメだ。

でも、ちゃんと経営を考えてのことですよ。施設型農業をやるなら、高く売れるものを作らないといけない。そう考えた結果、選んだのがマンゴーであり、赤毛和牛です。従業員のためにも、稼げるものを作らないとダメですからね。

第二章

「返済まで25年。自己破産もできない」

250人態勢のガサ入れで、2億5千万円の「借金」を負わされたFX長者の磯貝清明・磯貝商店社長

磯貝清明（いそがい きよあき）プロフィール

1977年埼玉県生まれ。金属スクラップ業「磯貝商店」社長。2004年にFX取引を始め、2007年には10億円まで資産を増やし、「日本で一番ポンドを持った男」と注目を集めた。だが、サブプライムショック以降大損失を被ったうえ、2009年に東京国税局に所得税法違反容疑で告発される。現在は、広さ2畳の風呂なし小部屋で税金の返済に明け暮れる毎日。2014年1月末には本税を完済、残すは重加算税と利息の返済のみ。

磯貝　朝8時でした。マルサ（東京国税局査察部《ささつ》）がやってきたのは。相手は国家権力ですから、もうどうしていいかわからなくて…。俺一人なら逃げたんですけど。査察部が取引先や身内のところまで行って、「手帳出せ」とか言うわけです。総勢250人くらいの態勢でした。国税に連れて行かれた人もいて。「大事な手帳まで持っていかれた。アンタのせいだ」なんて言われましたよ。逃げたらみんなに迷惑かかるから、観念するしかなかったですよ。友人たちに迷惑をかけたこっちは〝国家反逆罪〟ですから。その時点でお金を持っていたら、何とか対処できたんでしょうけど。

2008年10月9日、午前8時から始まったガサは用意周到に準備されていたという。磯貝氏が住む六本木ヒルズのみならず、埼玉の会社、実家、FX《エフエックス》（外国為替の証拠金取引）で名義を借りただけの従業員の家まで査察官が一斉に動いた。通常マルサは100人規模で動くと言われる。郵便物、書類、パソコンのデータ…。必要な書類はすべて段ボールに詰め込まれた。磯貝氏は東京・大手町の国税局まで連れて行かれ、解放されたのは翌深夜1時過ぎだった。

磯貝　もう疲れ果てちゃって、言われるがままサインするしかなかったんです。

副島　簡単に書類にサインしちゃダメなんです。そうやって、マルサの筋書きどおりに「犯罪が作られて」いく。

磯貝　その後の裁判でいくら反論しても、裁判官は、「あなた、ここにサインしてるじゃないですか」で終わりですよ。FXで出した利益は、2005年、2006年がプラス4億5千万円。でも2007年はマイナス3億9千万円。収支がほぼとんとんなので、税金は払わなくていいと思ってたんです。だから2007年の取引明細を見せて、「これは有効じゃないの？」と聞いても、「（利益が出ていない）その年の税金は発生しません。以上！」とだけ言われて…。2007年のマイナス分はまったく見てくれない。「儲けた年は先に払え。損した年は課税ゼロ。それがルールだ」と言われました。

副島　損した分は全く無視するわけですか。先に払った税金から、損した年の分は返してくれと言っても無理なんですね。法律で細かい条文を作って「損益通算《そんえきつうさん》」の制度を使えなくしてしまう。国税庁は取るだけ取って、返すべき時は、ものすごくキマリを複雑にし、厳しくして還付《かんぷ》しない。本当に彼らは血も涙もない税金強盗団です。おかしな話なのです。儲けたときだけ襲いかかる。儲けていない人は放ったらかす。税金を取りたいの一心だ。悪い奴らですよ。やっていることが暴力団と同じで犯罪者ですね。

磯貝　まして私は個人事業主なんで、毎年毎年申告しないといけない。トータルで損益がとんとんだったので、払わなくていいかと思ったんです。でも、「それは磯貝さんの考えであって、本来の税法上は毎年申告がルールですから」と。彼らはうまくて、2年間ぐらい泳がせて延滞利息がついてからやってくる。その分、5千万円×2年分、払わなくてはいけない税額が増えました。

副島　そこまで計算していましたか。泳がせて、太らせてから一気に取りに来るわけですね。

磯貝　俺みたいに投資でたまたま儲かった奴は、いい相場が続いているときはいいけど、泳がせている間にそんなものはなくなってますよ。ガサ入れするなら、もっと早く入ってくれれば良かったんですけど。

副島　まさかお金がすっかりなくなっている、とマルサの査察官たちは思ってなかった

磯貝氏が「通知表」と呼んでいる1年間の納付状況証だ

最近１年間の納付状況

この文書は、次の対象期間にかかるあなた（貴社）の税金の納付状況をお知らせするものです。
対象期間　平成２４年　６月　１日〜平成２５年　６月１１日

納付年月日（収納等の日）	摘要	収納（充当）済額
H24. 6. 1	収納	1,000,000
H24. 7.27	収納	1,000,000
H24. 8.31	収納	1,000,000
H24. 9.18	収納	1,000,000
H24.10. 3	収納	1,000,000
H24.11. 6	収納	1,000,000
H24.12. 5	収納	1,000,000
H25. 1. 4	収納	2,000,000
H25. 1. 9	収納	4,000,000
H25. 2. 8	収納	6,000,000
H25. 2.12	収納	1,000,000
H25. 3. 1	収納	2,000,000

納付年月日（収納等の日）	摘要	収納（充当）済額
H25. 4. 1	収納	2,000,000
H25. 4.24	収納	4,000,000
H25. 5.10	収納	2,000,000
H25. 5.16	収納	4,000,000
H25. 6. 3	収納	7,000,000
	以下余白	

平成25年 6月11日 現在　　収納未済額　　111,899,066

（備考）
1　お手持ちの領収証書と納付状況が一致しないなど内容についてご不明な点がある場合については、初葉に記載されている連絡先までお問い合わせください。
2　源泉所得税又は源泉所得税及復興所得税の納付については、国税通則法第３６条に掲げる「納税の告知」を行ったものについて記載しています。
3　「納付年月日（収納等の日）」欄の（　）書きは、「コンビニエンスストアで納付した日」や国税通則法第６３条第６項に掲げる「有価証券の取立てをすべき日」等が表示されます。
4　他の税務署管内からの転居（移転）や国税通則法第４３条に掲げる「徴収の引継ぎ」をされた場合には、以前の管轄税務署への納付状況は除かれています。

当初は完済まで25年もかかる予定だったが、磯貝氏は2014年1月に本税分を返済。あと3年、40歳までの完済を目指している。

のではないですか？

磯貝　思ってなかったんだと思います。国税調査の最後に、「税理士を呼んでください」と言われたんです。最後に交渉の余地があると思いきや、言われるがままの数字を修正申告書に書かされて終わりという結果でした。

副島　税理士も、自分がかわいいから。お上《かみ》に楯突《たて》くのが怖い。「お前、バッジ外したいか？」とやんわりと諭《さと》される。これが彼らへの最大の脅しですよ。「士商売《さむらい》」と言ってね。弁護士、公認会計士、税理士など「士」がつく職業は、国家からもらったお免状で生きている。だから最後には自分の客を裏切るのです。特に税理士は国税庁にべったりくっついた職業です。いつも役所に脅えている。

磯貝　国の横暴を糺《ただ》すために最後まで闘うという人がいないですよね。

副島　そうですね。みんな恐ろしいんですよ。国税庁＝税務署と争っても、どうせ勝てない、と諦《あきら》めている。日本という国がおかしくなっているんですよ。客を守ろうとする税理士は、国税局の「税理士監理室」に連れて行かれて脅し上げられる。公認会計士は金融庁の中に「公認会計士監査審査会」があってここで痛めつけられる。弁護士は、各々の弁護士会に「懲戒委員会《ちょうかい》」があって、ここで内部統制でいじめられる。そうやって、国民（依頼人、顧客）のために闘おうとする専門家をいなくさせてしまう。

磯貝　マルサが入った後は、週1回呼び出されて、朝から夕方5時まで取り調べでした。結局、なるべく彼らの言うことを聞いておけば税金をまけてくれると思ったんですけど。何のサービスもなし（笑）。最初は交渉する余地があると思っていたんです。ところが「ハイ、ハイ、終わり」という感じでしたね。

副島　向こうは一丁上がり、という感じでしょう。

磯貝　こっちも準備して闘えば良かったと思うんですけど、若さゆえの無知といいますか。こっちは何も悪いことをしてないと思ってますから、「何でこんなに大げさに騒がれてしまうの？」と思ったぐらいです。

副島　人に迷惑をかけていないわけですからね。それなのに国税庁は勝手に犯罪者のように扱う。被害者のいない犯罪（名）はあってはいけないのです。彼ら税金官僚は、まさか、自分たちが被害者だと思い込んでいるのではないか。

磯貝　署名させられる書類も多いんです。だから疲れてしまって「そうです。はい」とサインしてしまう。裁判官も文書だけを信じるんです。調書にサインした後では裁判所で俺が何を言っても信じない。判決が出たときは「金《かね》ねえよ、どうしよう」という感じです。もう銀行強盗でもしないと払えない額ですから。罰金3500万円の方をもう少し減らしたくて控訴したんですけど。裁判が長く続けば利息が増えるだけでしたから。控訴しなければよかったと思いましたよ。

税金の取り立てで生命保険まで差し押さえ

磯貝氏に下された判決は、所得税法違反で、懲役1年6カ月（執行猶予3年）。所得税の総額は1億6千万円。重加算税6千万円。刑事罰である罰金が3500万円、の計2億5千万円だった。さらに、これに延滞利息が本税に対し14・7パーセント。毎日5万円ずつの延滞税がプラスされる過酷なものだ。

副島　ヒドいものですね。どうやってその2億5千万円を払えるのですか。裁判官も法廷に出された調書だけを信じて判決を下す。裁判の場で何を言っても聞いてくれない。

磯貝 彼ら公務員は、俺たちから徴収した税金で給料もらっているわけですから。罰金刑の3500万円は、税理士から「無理して払わないで、1年半、刑務所に入ってくれば3500万稼いだのと一緒だよ」とも言われましたけど。世の中、刑務所1回入っちゃうとイメージが…。

副島 マルサは一丁上がりで、それで自分たちの仕事は済んだ話という感じでしたか？

磯貝 マルサは書類を上に上げちゃえば終わりです。自分たちはお手柄だからいいんです。取り調べのときも「磯貝さん、何とかなりますから」と言われましたけど、何ともならない（笑）。ヒルズから埼玉に引っ越して、管轄が関東信越（関信《かんしん》）国税局に変わったら、「こんな金《かね》の無い奴回されて、徴収部は困るよ」なんて言っていましたよ。

副島 私も埼玉県の大宮税務署だったので、管轄が関信《かんしん》国税局でね。東京国税局から見たら〝バカの関信〟と呼ばれているそうです。私は税務署前で演説して税務署長の非道《ひどう》を訴えて闘いました。裁判でも「私は物書きで、印税も全部申告して税金を払っているじゃないか。『学問道場』という研究会のサイトは、私とは別個の団体であり、経理も分かれている。私はそこから一円ももらっていない。それなのに私の営利事業だ、ビジネスだと税務署は決めつけた」と言った。それでずっと怒って闘いました。裁判官はやはり国税庁とグルでしたね。

磯貝　そうなんですよ。結局、私たちから徴収した税金から給料もらっているわけですから。俺も控訴しましたが、聞こえてきましたよ。「俺たち（公務員の取り分である）の給料をカットするわけにはいかねえ」という内なる声がね。刑事罰の罰金３５００万円も払えなくて、検察に頭を下げて分割払いにしてもらったんです。

副島　世界の基準では、損した年は、儲かった年に納めた税金を損益通算しますから、「払った分から返してくれ」と言えるんですけどね。日本国税庁はケチくさくてそれを極力認めない。

磯貝　税金も、サラ金の「過払い金（返還）訴訟」ができればいいんですけど…。14・7パーセントもの延滞利息がバカらしい。利息の払いだけで月に１００万円を超える。一昨年までは頑張って毎月１００万円返していたのですが、ほとんど延滞利息で、本税がまったく減らない。

副島 国税債権に延滞利息がつくっていうのもヒドい話だ。痛めつけたいの一心だ。収入源を奪われて取れもしないようなところから取る、などという理屈は、ひたすら懲罰を加えたいというサディストの性向だ。国民（納税者）のなかで自分たちの網にひっかかって来た者をいじめて喜ぶという歪《ゆが》んだ精神を彼らはしています。

磯貝 生命保険を掛けていたので、もう払いが無駄だから、解約しようと電話したら、「国税に（保険金の受け取り権利を）差し押さえられているので変更はできません」と言われました（笑）。

副島 磯貝さんが亡くなったら、優先的に国に生命保険金を取られてしまう。奥さん、子どもには行かない。ヤクザよりヒドいね。国税債権（滞納した税金や公共料金）が、民間の債権よりも優先する、と法律で決まっているわけではない。どこにもそんな法律はない。それどころか、税金債権は、他の支払いよりも後回《あと》しであるというのが古くからの法学理論です。ところが最近の税金債権は、自分たちが一番乗りで、他の全てに支払い強制で優先する、という大きな考え違いをしている。パトカーや救急車の感覚だ。税金は控え目に控え目に取る、というのが国家の元々の姿勢だったのです。それがいまはひっくり返っている。しかし、磯貝さん。自己破産はできないのですか？

磯貝　「自己破産をするのは自由ですよ」と税務職員に言われました。でも自己破産をした後に、収入を得るようになったら「儲けがあるなら税金払ってください」と彼らはやって来るみたいです。収入がまったく無い、と7年間言い続けてやっと解放されるらしい。

副島　普通のサラリーマンだったら、借金を払えずに自己破産すれば、自宅を処分して追い出されて賃貸アパートの生活に変わるだけです。サラ金からの追及はもうなくなる。ところが、税務署はそこまでヒドい痛めつけをするわけですね。だから実質的に自己破産させない。これは、やり方がサラ金会社、暴力団金融の取り立てよりヒドい。サラ金なら、自己破産したら後は、一切催促が無いですから。

磯貝　税金の場合は消えないんですね。自己破産して1回リセットしてしばらく我慢するというやり方もあったんでしょうけど、私はまだ30歳で、ゼロからやり直すよりは税金を払ったほうがいいかなと思ってしまった。

円安トレンドで一時250億円の取引額

ＦＸで儲けているときは、自分の相場観を信じて売買をしていた。取引通貨は、ポンド／円がメインだった。最盛期には手持ちの評価額が10億円を超えた。25倍のレバレッジ（投資倍率）で、動かしている額は２５０億円にもなった。為替が１円動けば資産が１億円動く状況だったという。

副島 博打《ばくち》の才能があるんですね。

磯貝 いや、たまたまです。結局、損してとんとんになりましたし。

副島 証券会社はどこを使っていたのですか？

磯貝 ＵＳＳフォレックスという、証券会社でした。昔の取引履歴を調べたら手数料だけで1億円くらい払っていましたね。いまは手数料が無い会社が多いですけど。

副島 レバレッジ（投資倍率）を、恐ろしいことに当時は５００倍かけることもあったでしょ。

磯貝　証券会社によってはあったみたいですね。当時、マルサに入られるほんの少し前に、ＦＸで取引した履歴を証券会社が金融庁に提出しなくてはいけない、と制度が変わった。それで全て私の取引も把握されたみたいなんです。

副島　入られたのは２００８年9月15日のリーマンショックの直後ですね。円高、円安、どっちで儲かったのですか？

磯貝　いまみたいな円安トレンドですね。去年からアベノミクスで円安がすごいので、来年、再来年あたり、俺みたいに儲かったというニュースが結構出てくると思うんです。国税にとっては「しめしめ」という感じでしょう。ただ、ＦＸも制度が変わって25倍まででしかレバレッジをかけられなくなった。大儲けするには大金が必要になりました。でも、法人で取引するとレバレッジを高くできると聞きましたね。

副島　事業（法人）として投資をおこなえば損益計算も簡単に認めるでしょ。個人だと認めなかった。

磯貝　いまは個人でも3年、損失を繰り越しできるようになりました。そういうことを知っていればよかったんですけどね。当時は証券会社でもＦＸ（外国為替の証拠金取引）

は特殊だったので、自分で確定申告をしなくてはいけなかった。株なら儲けたら証券会社が税金を引いて払ってくれたのですけどね。俺は最初、商品《コモディティ》の先物《さきもの》取引でデビューしたけど、儲かったためしがなかった。税金の知識も全くなかったんです。

副島 損している者はまったく無視して、儲かったヤツにだけ襲いかかる。税金を取りたいの一念だ。そんなことをしていたら国税庁が市場をゆがめるというか、市場が無くなってしまいますよ。

磯貝 1千万円以下なら、起訴もされないんですよ。金額の違いでこんなに違うんだと思い知らされました。億を超えた途端、「すげえ悪いことをした」というニュアンスになりましたね。

いまは父親から譲り受けた埼玉の金属リサイクル会社の2階で暮らしている。会社の儲けは全て税金の支払いに回す。今年1月には本税を完済し、残すは重加算税と延滞税だけとなった。

磯貝　たとえば会社で、その年に2千万円の利益があったら、1千万円は法人税で持っていかれて、あとの1千万円から、さらに重加算税・延滞税を返すと、二重に税金を取られる。俺はFXの取引をしていたとき、持っていた法人の方で2億円の損金を出していた。そこでこの法人での利益は、この損金と通算して返す形にした。そうしたら法人（会社）に利益が無いから、本税が面白いように減り始めて。2013年は6千万円返したんです。そしたら国税がやってきて、「会社を清算することもできるんですよ」と畳み掛けるように言ってきた。向こうは損益通算《そんえきつうさん》されたのが面白くないみたいで。

副島　損益通算も許したくないわけだ。

磯貝　許さない、とは言わないですが、その会社を差し押さえたい、と。そのうえで、延滞利息を4パーセントに下げるお願いの手続きをすれば認めてやる、というんです。一昨年までは何も言われなかったのに、頑張って返した途端これです。

副島　コイツからはけっこう取れるじゃないか、と国税局は頭が働いたのですね。税金官僚は自分の〝売り上げ〟が上がれば出世できると考える。本当に吸血鬼、寄生虫みたいなヤツらです。関信の中の徴収《ちょうしゅう》部門ですか？

六本木ヒルズから2畳風呂なしへ。しかし、完全復活へ向け闘い続ける！

磯貝氏は、現在、父親から譲り受けた金属リサイクル会社で汗する毎日。会社の儲けは税金の支払いに回し、2014年１月には本税を返済した。職場には常に「スローガン」を掲げ、完済を目指している。

磯貝　そうです。向こうも1～2年で担当が変わるのですが、この前、新しい担当が2人やってきました。

副島　いまのご商売はどうですか？

磯貝　悪い商売ではないので、手堅くやっているところはちゃんと利益を出してやっています。うちなんかは小さいですけど、少ない人数でやれば人件費もかからないので何とかなります。

副島　お父さんの代からやっているから信用があるんでしょう。人のつながりが。

磯貝　ただ、父の代とは客層が違うし、業者も、高く買ってくれるところにものが動くようになっている。いまは少ない利益で数をこなして、「チリも積もれば」という感じです。

副島　周りの反応は？

磯貝　俺は課された金を払い終わっていないですから。世間には、「お前、払うべき金《かね》も払っていないのにアレコレ言うな」という人もいます。でもまあ、大枚はたいて人生の一番いい時期を納税（税金返済）に費やして、といい経験をさせてもらいましたよ。

ヒルズ時代の烏合《うごう》の衆《しゅう》とも縁が切れました。いま、取引させていただいている会社、お客様、自分を支えてくれている嫁、家族、そしていろんなことを気づかせてくれた国税局に感謝ですよ。だいぶ時間はかかってしまいましたが、あと3年、40歳までに完済してみせます。そうしたら、先生みたいに筋を通したい。税金を払い終わった後なら、「やり方がおかしい」と彼らに言えると思うんです。

副島　いままでやられたことを全部、表に出して、「国税局からこんなヒドいことをされた」と示したほうがいいですよ。「最初に払わなかったお前が悪い」という理屈で、ぜんぶを組み立てて来る。税金を取る権利があると彼らは思い込んでいますから。最近は全国の経営者や資産家が、相当厳しく税務署の調査で痛めつけられていて、「国がやっていることは何かおかしい」と国民が気づき始めていますから。

磯貝　先生みたいに闘ってくれる人がいるとありがたいですよ。先生の場合、払うものを払った後で争ったわけですか？

副島　そうです。払うものを払ってからでないと裁判さえもできないんですよ。裁判のときは、私が原告（訴えた側）。被告は国《くに》でした。

磯貝　いいですね。響きが（笑）。オレもあと2、3年で完済して、国税問題で困っている人達の相談所を開設したいと思っているんです。俺と同じような目に遭う人間を作りたくないですから。

副島　痛い目にあった人はわかるんですよ。ただ私は徹底的に闘いますよ。私のところに税務署が7年ぶりにやって来てね。「またやる気か」と私は言った。やって来た税務署員（特別調査官《トッカン》）の顔写真を提示した身分証明書と一緒に撮って、「インターネットにアップする」とか「今度は国税庁の前でも演説する。絶対にやる」と言ったら、向こうは嫌がった。国税庁は騒がれるのが嫌なんですね。黙らせて押し潰したい。でも個人の金を奪い取りに来ているのは向こうの方ですから。お互いお付き合いをしたくないのに。向こうは法律という刃物を振りかざしてやって来る。そうなったらその刃物をこっちは素手で受け止めて闘うしかない。それしかないんじゃないかと思うんです。彼らは問題の真の所在を隠して騙《だま》して押し通します。それが彼らの手法、やり口だから。そこまでいくともう理屈じゃない。男と男のドスコイ勝負。気合いですよ。こっちがふにゃふにゃとなった途端、彼らは襲いかかってきます。

2013年だけで6千万円を返済。「完済したら、国税で困っている人を救います!」と言う磯貝氏と!

国税局は襲いかかったら容赦なく身ぐるみを剝ぐ。事前によく調べて本当に有り金を全《すべ》て取っていく。ない金《かね》まで徴税する。まさしく国家暴力団である。

磯貝　ホリエモン（堀江貴文氏）だっていい見せしめでしたものね。

副島　そうです。あなただって見せしめになっているんですよ。

磯貝　見せしめを作って、他の連中は「ああ、俺じゃなくて良かった」と思うわけですね。

副島　そう。自分はライオンに喰《く》われなくてよかった、と思うわけです。他の人が猛獣の餌食《えじき》になってくれた、と。それではダメなんです。誰かが食われて、また時間が経ったら別の誰かがやられる、というのでは。どこかのタイミングでひっくり返してやろうと私は思っているんです。「お前らがやっていることは国家暴力団だ」と言ってやらないとわからないんですよ。磯貝さんの言うとおり、彼らは私たちの税金で給料もらっているサラリーマンじゃないですか。生産活動をしていない役人を威張らせたら、世の中良くならないんですよ。

第四章

「1億3千万円全額をいますぐ一括で払え」

無理筋の取り立てで資金繰りがショート。六本木を追い出されたネオヒルズ族・与沢翼・FAS会長

与沢 翼（よざわ つばさ）
プロフィール

IT企業「Free Agent Style Holdings」会長。インターネットの広告事業やネットでお金を稼ぐ方法を教える情報商材ビジネスで年商25億円。秒速で1億円稼ぐネオヒルズ族として注目を集めた。

与沢　事業を継続する自信はあったんです。国税が分割払いに応じてくれるか、あるいはもう少し待ってくれれば…。でも国税は「1億3千万円全額を一括で払え」の一点張りでした。「私の事業が潰れてしまう」と言っても、「仕事ですから」と一歩も譲らなかったのです。

目立つヤツは潰される。それももっとも業績が良いとき、金《かね》があるときだ。国税は素早く、ハイエナのようにやって来て、「国税債権が優先だ」とすべてを差し押さえていく。国税にとっては、事業が続こうが潰れようが知ったことではない。自分たちの取り分だけ取れれば、それで満足なのだ。

与沢　FXの磯貝さんは僕の先輩の知り合いです。「お前は本当に磯貝に似ている」と言われました。私も国税に根こそぎ持っていかれて、六本木を追い出されましたしね。

副島　目立っている人から順番に狙い撃ちされるんですよ。

２０１３年の６月29日、２０１２年分決算の修正申告をしたことが始まりだった。蕎麦を食べるために、長野までヘリを飛ばす。〝ネオヒルズ族〟と注目された与沢氏だが、それも情報商材の売り上げを伸ばす手法の一つだ。テレビやマスコミに派手に取り上げられることで、「与沢」や「フリーエージェントスタイル」など、検索数が大幅にアップする。検索をした人のメールアドレスを、プレゼントと交換する手法で取得。そこにセールスをかける手法だ。たとえば、テレビでヘリコプターに乗るシーンが流れると、売り上げが数日で３千万円上がるという。

与沢　テレビにこれだけ出ているので「税金は大丈夫か？」と言われて、２０１３年６月に極めて控え目に経費を見積もったのです。経費の水増しや、売り上げ隠しなどは一切やっていません。これから会社を大きくしていこうという方針で、税理士を、国税ＯＢの税理士さんを何十人も抱える税理士法人に変えたばかりでした。そこで新たに納めることになったのが９千万円だったのです。

やっている事業が目新しいことが決算を難しくした。アフィリエイト報酬はいつを発生時期として計上すればいいのか。期をまたぐ「与沢塾」の経費は、一括して計上していいのか。あるいはバラエティ番組で番組スタッフから購入を指図された商品は、そのまま経費にできるのか。税務署に聞いても、誰も答えてくれない。だから控え目に見積もった。

与沢　フェラーリも、新車で購入して、売却時に1400キロしか走っていませんでした。プライベートでは年2回しか乗っていない。あとはテレビやイベントで宣伝のために乗っていったのです。それを月に2回は乗ったとして、私がレンタル料金を会社に支払う形で、やり手の税理士に見積もってもらった。さまざまな会計基準を変更し、「9千万円追加で払うことになりますけどいいですか」と。僕としては、どこまでが経費なのかをハッキリさせたかったのです。捕まったら終わりですし（笑）。あとから追徴課税されると、延滞税がすごいので余計にお金がかかりますから。9千万円はきつかったですけど、修正申告を自らやらなきゃいけないと思ってその決算案を了承したのです。

副島　自らすすんで修正申告をしたわけですね？

与沢　そうです。そしたら修正申告を終えた1週間後の10月7日に、芝税務署の税務員から「税務調査させてください」という電話があった。

副島　芝税務署は与沢さんのお住まいの管轄ですか？

与沢　三管轄合同と言われました。渋谷にも自宅があって、あとは芝と麻布税務署。渋谷、芝、麻布の3税務署ですね。

副島　それで芝税務署が全体を統括すると決まったのですね。

与沢　そうです。各税務署2人ずつ、計6人がやってきました。集中的に会社に来たのは1週間ぐらいですね。求められる資料を会計士たちが対応して、次々と渡したのです。そのときはなんの問題もなかった。追徴課税されることもありませんでした。ただ、2013年8月期の決算が10月31日に提出だったので、2012年8月期の修正申告に対する税務調査だけでなく、2013年8月期の税務調査もしたい、ということで、その後も調査が続きました。

1億円を超えて出てきた国税局

副島 そこで税額が固まった。法人税、法人住民税、そして法人事業税で計2億5千万円。大変な額ですね。

与沢 問題は、法人税が1億円を超えたことにあったのです。2013年の12月に、税の支払いのことで麻布税務署に行ったら、「税額が1億円以上の場合、法人税は国税局に移管されます」と突然、言われたのです。「地方税、消費税はこっち（麻布税務署）が管轄します。2つに分かれますよ」と。港区住民税の6千万～7千万円は「12分割で大丈夫ですよ」と言われました。当時のキャッシュ・フロー（手元にあって動かせるお金）から考えても、月に470万円の支払いですからまったく問題が無いレベルでした。

副島 税務署と違って上級の国税局の取り立ては、まったく違っていたわけですね。

与沢 そうなんです。今年の1月に、国税のSQ《エスキュー》＝徴収《ちょうしゅう》部門という人が、2人来たので話をしたのです。「いま、国税のほうで法人税1億3千万円を受け持ってます」と言われたので、支払う意思を示して、資金繰り表を見せた。「12分割でお願いします」

と言ったら、「一切待てません」と言われて…。食い下がったら、「待てても数日から1週間。全額一括で納めてください」と急に言われたのです。だから会社にあった残金とか、回収できるものは回収して、とにかく8千万円ぐらいを1週間で払いました。東京都税事務所は待ってくれたので、問題は国税の残りの4千万円。8千万円払ったので、「残りは2月末まで待つ」とは言ってくれたんですけど。

何とか、2月末までに残りの4千万円を支払えば、社員も、事務所も維持できる。世間に税金の話は出ないし、出ても何とか乗りきれる。絶対に支払ってやると決めた。だが…。

与沢　「セールスエンジン」というカード決済代行会社だったのですが、うちの売り上げ3千万円弱を持って社長が逃げてしまった。それで2月末までに支払うのは無理ということが確定して、一気に戦意を喪失してしまいました。

その後の国税の対応は早かった。フリーエージェントスタイルの象徴だった黒崎ビルなど、法人で借りていた住宅、事業所の2つを差し押さえ、敷金を回収。与沢氏のもとには、国税局から差押調書が多数差し出された。

与沢　要は、「派手にやってるんだから、そんなに待てない」ということですよ。私が財産を逃がそうとしているんじゃないかと思ったんでしょうね。だから差し押さえは一瞬でした。1カ月ぐらいの間片っ端から差し押さえられ、事業が継続できない状態になってしまった。

副島　磯貝さんと同じですね。襲いかかって叩き潰して取れるだけ取ってやると。

与沢　「事業を潰そうとは思っていない」と言われましたよ。ただ、「私たちも仕事なんで」と言ってどんどん差し押さえるのです。国税には1億3千万円のうち1億円ちょっとを現金で払って、あと都税が4千万円ほど残っている状態です。

副島　国税にとっては地方税のことなんか知ったこっちゃないんですね。都民税より自分たち国税の債権が優先債権だと思い込んでいる。

FASの象徴だった
黒崎ビルも差し押さえ
差押調書は20通を超えた

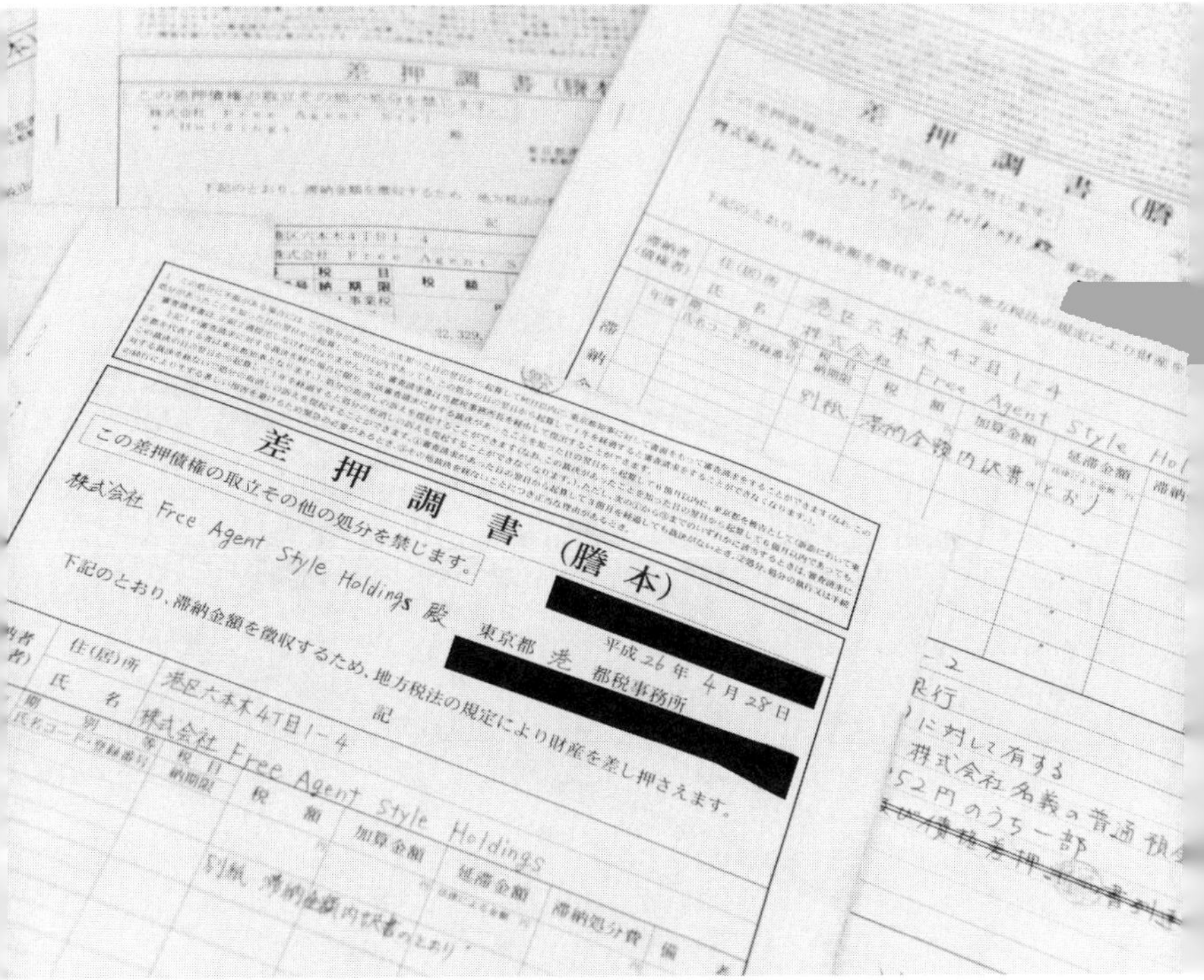

獲物は逃さない。グループ企業の資産まで差し押さえ、「不服があれば申し立てをしろ」の一言だけ。国税局は1億円超を回収した。令状もなく、資産の捜索、押収、差し押さえができる最高権力を国税局は持っている。

与沢　ええ。これが差し押さえの一式です。「国税管轄予算額」というものですね。1億3千万円に、延滞税が14・7パーセントかかる。だから延滞税だけで全部合わせれば1年で3千万円。元金を減らさないと、毎日すごい勢いで増えていくんです。最初の2カ月は年率7・3パーセントでした。その後は14・7パーセントになる、と説明は受けていたのですけど。最近、14・7パーセントから少し下がったらしいですが。

副島　私が税金裁判をやったときも、まず取るだけ取りにくる。国税不服審判（約1年間）やら、その前の異議申し立ての手続きなど、裁判になるまでに丸2年ぐらい経ってしまう。その間も延滞税がずっと掛かり続ける。全部納めてからでないと裁判さえできない仕組みになっているんです。国家に逆らう者は徹底的に痛めつけて疲れ果てさせるという穢《きたな》い手口（制度）になっている。

与沢　とにかく税金に関する知識がなさすぎて、正直、誰にも相談できませんでした。会計士たちは、2013年8月期の決算を確定申告したら辞めてしまった。私が税金を払えないだろうと思ったというのもあるのでしょうけど。

副島　率直にお聞きしますが、いまから考えて、国税庁のスパイみたいな人はいましたか？

与沢　「与沢が脱税しているんじゃないか」という内部告発みたいなものはあったというのです。税務調査のとき担当者が、「実は内部からそういう声がありまして…」と。ハッキリとは明言しませんでしたが。そのようなニュアンスの話を聞きました。

副島　税理士でしたか？

与沢　いや、ハッキリとはわからないです。

副島　内部の帳簿を見ないと税額決定など簡単にできるものではない。私は税務署上がりの税理士は皆、相当に怪しい行動を取っていると思っていますよ。私の本のなかでも、「資産家のみなさん、税理士を頭から信用しないでください。彼らは税務署とつながっている」と何度も書いている。こうやって税理士業界にケンカを売っているわけですが、事実ですからね。税理士を何十人も何年も前から潜り込ませて、調べ上げてから襲いかかる。そのようにして処分されたのが西武グループの堤義明《つつみよしあき》氏だったと思います（2005年3月3日、証券取引法違反で逮捕。有価証券報告書の虚偽記載容疑で）。国家というのはそれだけ恐ろしいことをするものです。

国税でも分割に応じる場合はある

与沢　僕は、テレビにいっぱい出たから、きっと突《つっ》かれるという恐怖感があったんです。逆に節税なんてぜんぜんできないし、会計士の言いなりになるしかなかったわけです。

副島　専門家がプロの意見として出してくると、逆らいようがないですからね。もう誰も信用できなくなるという瞬間があったでしょう。

与沢　ありました。だから自分で全て抱えてしまって…。これは事後論ですけど、4月26日に、自分のブログで資金繰りがショートしたことを公開したら、同じ事業家の友達から「俺は2億円近い税金の支払いを、12分割で認めてもらったよ」と、聞かされたんです。同じ国税なんですよ。それはさすがに「エグイことするなあ」と思いましたよ。その友人からは「プロの人にちゃんと頼んで交渉すれば良かったんだよ」と言われました。けれど、それも変だと思うんですよ。国税の人に、私が「12分割できると聞いた」と言っても、「絶対にダメだ」と認めませんでした。それで黒崎ビルを差し押さえられたのです。黒崎ビルを差し押さえられたら、僕のビジネスモデルがなくなってしまうのです。私は夢を売るじゃないですが、お金を持ってるように見せてナンボの世界ですから。

副島　国税局にとっては、自分の取り分だけ取れればいいんですよ。

与沢　「事業体がなくなってしまう」といくら食い下がっても、「関係ないですね」と言われましたね。ちょっとだけでも分割に応じてくれれば、絶対に耐えられたんです。カード決済代行会社の社長が逃亡したのも資産隠しと疑われたのか、「そんなことはどうでもいい」という感じでした。本当にそのカード決済代行会社には飛ばれたのに…。

副島　国税は、自分たちにとって不利なことは一切相手にしません。認めません。いくら借金があるとか、困っていると言っても、彼らは国税債権を取り立てる欲望だけで生きていますから。

与沢　そうですね。カード決済代行会社の倒産もあったし、特殊事情ということでちょっとでも待ってくれれば良かったんです。そのときは、月に何千万円ものキャッシュを生むことができていたし、数カ月も待ってくれれば、同じ金額を用意できたんですけど。国税が待ってくれないので、もう復帰できないと思いましたよ。社員をリストラしないと給料も未払いになるし、事業を縮小せざるをえなかった。黒崎ビルのオーナー側からも、「敷金を差し押さえられたら契約解除ということを知っているよね」と言われて、退去せざるをえなかった。もうお手上げでしたね。

副島　黒崎ビルを差し押さえられたのが一番痛かったのですね？

与沢　そうです。200人収容できるセミナールームがあって、そこで稼いでいましたから。

副島　国税債権が他のすべてに優先する、という理屈はないはずなんですよ。

与沢　でも言われましたよ。「労働債権より優先」と。つまり社員に払う給料よりも先に払わないといけない。「租税公課第一」だったかな。

副島　そんなのは、彼らが勝手に自分たちで決めたことであってね。法律でも何でもない。全くヒドいことを言いますね。相手を素人だとみたら。争わないといけないことなんです。しかし争って裁判所に訴えると、裁判官も国税庁とグルだから負けてしまう。だから、たいていの人は泣き寝入りを選んでしまう。このやり方の穢《きたな》さは、税務調査でヒドい目に遭った人にしかわからないんです。おそらく与沢さんの友達でも「お前が金《かね》を隠したからやられたんだろ」と平気で言いましたでしょ。

与沢　ええ。ネット上でものすごく言われていますね。「カード会社が倒産したことにして、そっちに資金をプールしたんだろ」とか。グループ会社の「オールオブミー」でFXをやって役員と僕とで2500万円資金を出していたのですが、1月下旬に90パーセント損失を出してしまった。それも「海外に飛ばしたんだろ」と言われて。

副島　経費（法人なら損金《そんきん》）についても、納税者が経費として申告したものは、全て税務署は認めないといけないのです。ところが日本では、税理士や公認会計士が国税庁から監視されて逆らえないようにしてある。だから顧客のために本気で働かない。本当の税務知識を人々に教えない与沢さんの公認会計士たちが辞めて行ったのも、「国税局が怖いから」ですよ。職業としての正義感を貫く税理士が側《そば》にいなかったのが与沢さんの失敗ということもあるでしょう。いまからでも本気で闘ってくれる税理士を側《そば》に置くべきだと思いますよ。国税局はシメシメなんですよ。彼らにとっては、東京都（都税《とぜい》事務所）が4千万円の地方税を取れるかどうかなど知ったことではない。「地方公共団体のヤツらと俺たちは格が違う」と考えている人たちですから。国税庁のやり方は、電撃作戦（ブリックリーク）なんです。先に差し押さえて全部取ってしまう。事業が潰れても関係ない。しかし、中小企業の事業を潰してまで税金を取る、という徴税行為を許していいのか。国税庁はこんなことばかりやっていたら、本気で国民が怒り出す、ということをそろそろ自覚した方がいい。自覚させなくてはダメだと思うのです。

与沢　国税局および都税事務所の人とは、携帯でやり取りしているんですけど、電話の数が半端ない時期があったんですよ。フリーエージェント名義で押さえられる物は全て押さえられた。そしたらいきなり優しくなりましたね。なんなんですかね。私がブログに書いてから優しくなった面もある。笑ったり、「大変ですねえ」なんて声をかけてきたり。

副島　担当者はずっと同じですか？

与沢　7月に国税局内の大きな異動があるらしいのですが、それまではずっと同じ人みたいです。「国税債権は消えないんですよ」とか、ちょっとした脅しの言葉を挟《はさ》んできますよ。でも、そう言われてもよくわからない。これから自分で調べないといけないと思っているんです。法人の債務は破産すれば消えると思うんですよ。とある弁護士からは「破産したほうがいい」と言われていますし。

副島　破産はできない、破産しても税金債務は残る、とかそうやって平気でウソを言って脅してくる。お金を取りたいの一点張りですから。

与沢　取る物を取ったので、あとは「少なくてもいいからずっと払い続けてね」という意向みたいですね。いま、残っている元本が２６２５万円。都民税が３５００万円。計６千万円というところです。ところが放っておくと14・７パーセントの延滞税が毎日増えていきますから。14・７パーセントって消費者金融なみの金利ですよね。いまは少し下がったのかな？

副島　利息制限法で年率15パーセント（１００万円以上）が利息の上限です。上限ギリギリで取る。15パーセントに満たないから合法だと。恐ろしい連中です。私はだから「彼らは国家暴力団だ」と言っているんです。暴力団よりも質《たち》が悪い。

与沢　元本《がんぽん》が大きいと、利子だけを延々と払い続けることになりますね。毎日増える利子を払った上で、別に元本を減らす返済をしないとダメだから、これからも大変です。

税金払いの無限ループ

与沢　それからもう一つツライのが、2013年の6月から12月までの「預《あず》り源泉所得税」が新たに国税局から催促されます。さらに、今年の8月決算もやってくるので、無限《むげん》ループじゃないですか。いつか終わりが来るのかもしれませんが、払う税金がもっと増えていくんじゃないかと、怖いんです。このままでは、税金を払うために働くみたいな状況になってしまう。だから、破産したいけど、国税が何をしてくるのか。それが怖いんです。私が一番脅《おび》えている点ですね。

副島　与沢さん。対抗策の一つはネットに書くことだと思います。あなたのお客さんや友人、知人、そして国民に、どれだけ自分がヒドい仕打ちを受けたかを知らせる。何が正しいかの基準は、自分にあるのではなく、みんなが知って判断することにある。それでみんなが「国税局はこんなにヒドいことをするのか」と判断してもらうことが大事だと思います。それから、こっちがファイティング・ポーズを取ると、向こうはさらに抑えつけてくるという恐怖感がいま、あなたにあると思います。しかし、それでも闘う姿勢を取ることが大事です。国税局になめられると、際限なく取り立てに来ますよ。彼らは一度取ると決めた相手には何度でも襲いかかります。コイツは弱いから喰いちらしてやれ、という理屈で動く。それに対して素っ裸になって闘うと決めて、みんなに今起きている真実を書いて知らせる。これが一番、国家というものが嫌がることなんです。

与沢　そうですね。僕がブログで書いたら、ここ2週間ぐらい、2千万PV《ピーヴィ》（1日あたりのブログ閲覧回数）ぐらいまで上がったんです。ブログを書き始めてから、国税の人は優しくなりました。

副島　すごい数のアクセス数ですね。それぐらいあなたはみんなに注目されているのです。書き続けて闘う姿勢を見せるべきですよ。

与沢　徴収のやり方が適正な手続きでないと、彼らもヤバいんでしょうね。明らかに態度が変わりましたからね。

副島　そのとおり。違法な手続きを取っていたことが、文字で書かれてバレるのは本当に嫌《いや》なのです。「法の適正《てきせい》手続き」（デュー・プロセス・オブ・ラー）と言って法律の執行者が手続きを誤ったら、内部で処罰されます。法律の執行者は個々の法律に違反することをできない。それから、事業を潰してまで税金を取り立てていいのか、という問題がある。

与沢 実際、本当に潰れる寸前ですから。稼ぎ出す動力源は全て無くなりました。こんな短期間で税金を持っていかれたら、回るものも回りませんよ。支払いの意思は常に見せていたんですよ。実際、5日で8千万円集めて払ったわけですから。

副島 脅して、騙《だま》して、すかすのがプロですからね。彼らは自分の取り分さえ取ってしまえば、納税者の事業が潰れようが意に介さない。

与沢 それだったら、8千万円も払わなければ良かったと考えてしまいますよ。数カ月滞納してでも事業を守りたかった。結果的に潰されて、いろんな人に迷惑をかけましたから。国税局に潰されたとは言いたくないですけどね。まあ、もう終わっちゃったことなので、この後どう対処するか、ですよね。FASの社員も、95パーセントは解雇しましたし。もう事業としての実態がないんです。僕は個人で稼げるけど、その稼ぎを、国税局や都税事務所の人は「それをFASに入れて、税金を返せ」というニュアンスのことまで言ってきているんですよ。

副島　そこまで言いますか。

与沢　ええ。私は逮捕されたわけじゃないですから。新しい事業を始めるのは自由です。私1人でも月に1千万〜2千万円は稼げると思うんです。でも、これからも税金を払わないといけないと思うと、大変です。

副島　東京国税局の無理な取り立てを食い止めるなら、税金裁判（租税訴訟《そぜいそしょう》）をやるべきです。しっかりとした税理士、弁護士でチームを組んで。しかし、彼らもまたお金《かね》で動きますからね。

与沢　そういうのがあるのは知りませんでした。でも、裁判をやるにも専門家を雇うにもお金《かね》がかかるんです。これから稼ぐためには、裁判とかにマインドを取られたくない。稼げなくなってしまうから。それから、国税庁に楯突《たてつ》いたら事業の粗《あら》探しをしてくるんじゃないかというのが怖いんです。何もやましいことはしていないんですけど。それに、もう遅いです。終わったことです。払える限り全力で払っていきます。

副島　金《かね》にまつわる嫌なところを突いて来るのも国税庁の手口ですね。与沢さん。やっぱり書くことが一番いい。公表されることに対して役人は弱いです。それは私が自分の体で味わって経験してきましたから。自分にとってやや不都合なことでも、本気で書けばみんなに伝わります。私は金融・経済評論家を10年以上やっているんですが、気づいたことがあります。経済と金融の評論家たちは全く、税務・税金問題については一切書いてこなかった。自分のお客である投資家や経営者たちに、何の助言も評論もしていない。「そのことは税理士さんにお尋ね下さい」と言って逃げた。それが大間違いだったと思っているんです。経済評論家は、銀行や証券会社の調査部長上がりみたいな人とか新聞記者上がり。サラリーマンに過ぎない。結局、国税庁が怖いんですね。

与沢　たしかに、私は税金に対する知識が全くなかったと思いましたね。対応の仕方もわからない。言葉のふしぶしに入る向こうの脅しが、どこまで本気なのかもわからない。

副島　その意味では与沢さんはいま、大変な勉強をなさっている。それが将来必ずあなたの大きな財産になります。本当の苦しみの中から大きな学習があります。基準をハッキリさせない。たとえば、1億円以上の申告漏れがあったら「脱税だ」と言う風に、税金の専門家たちはみんな、思っている。この基準を世の中に対して明確に公表すべきなのです。ところがいままでは、インターネットで3千万円儲けたのに申告しなかったというケースでも「脱税」で摘発したりする。「悪質だから」ということを基準にしたりする。これでは国民の側はたまったものではない。これは絶対に許してはいけない一線です。自分がいつ国税庁＝国税局＝税務署にやられるか、その基準がわからない。それが向こうの狙いでもあるのです。「ルールを定めよ。ルールに従って国税庁も行動せよ」と厳しく要求しなければいけない。法律に適正に従って、公務員としての事務を遂行する仕事であるはずなのに、彼らは自分たちが判断権、裁量権を勝手に持とうとする。

与沢　基準をわざとあいまいにしているということですか？

副島　そうです。自分たちに都合の悪いことは解釈をあいまいにしておくんです。経費になるか、ならないかの判断なんてまさにそうでしょう。

国税への疑心暗鬼

与沢　税金を滞納したまま、法人を破産させたら、逮捕されるんでしょうか？

副島　いや、そんなことはありません。彼らが勝手に決める基準の最たるものは「悪質」

か否かです。法人（企業）が破産したら、全ての債権は消えます。裁判所が決める管財《かんざい》人《にん》（弁護士）が開く債権者集会に税務署員も平等に出席しなければいけない。

与沢　悪質…。

副島　悪質であるか否かの基準がいまは際限が無いのです。滞納したまま破産しても決して罪には問われません。

ところで与沢さん。個人と法人、両面からあなたに襲いかかってきているということはないですか。法人（の経営者）と個人、の2本立てで都合のいいところから攻めてきたりする。

与沢　いまはないですね。私は個人では年収として1億6千万円ほど稼いでいたので、住民税の請求が1600万円ぐらい来ました。それを払うためにも稼がないといけないんです。本当にどうしようかな。困っているんです。

副島　いま、いちばん厳しいところにいるんですね。

与沢　稼がなくちゃ、とは思うんですけど、何かやっちゃいけないことがあるかもしれなくて、いまは身動きが取れないんですよ。

副島　「exit《エグジット》 strategy《ストラテジー》」という言葉があります。日本語では「出口《でぐち》戦略」と訳します。「出口」の「戦略」だから、みんな何となくわかった気になっています。私はこのエグジット・ストラテジーを「脱出作戦」と訳せと言っているんですよ。「自分が作った自分の法人からの脱出」なんですよ。いまは売り上げなんかない会社が、商店主を含めていっぱいある。そういう名前ばっかりの幽霊会社が100万社ぐらいあります。私は「自分の会社からうまく逃げなさい」と経営者たちに言っているんです。うまく自分の法人から逃げることができる人ほど賢い。会社をいくつも作って、それで首が回らなくなっている。それぞれの会社ごとに決算書を作らなくてはいけないし、ヘンな税金がいろいろとガバガバ来る。ようやく、国と銀行に騙《だま》されているんだ、と資産家や経営者が気づくようになった。ただ、これは脱出作戦ですから、後ろ向きの考え方ですね。国税庁にやられた磯貝さんも「破産はしたくない」と言ってます。破産できないようにさらに追い込む仕組みを作っているのが国税庁ですよ。

与沢　磯貝さんの「破産はしたくない」という気持ちはよくわかります。破産したら稼げなくなる。だから開き直って、稼いで税金を払うしかない。ただ、現状の固定費《こていひ》（基本的な支出）を払いながらですから。僕の友人は、先輩も含めて、みんな海外に行っちゃってるんです。僕とやってることは同じですけど。20億円とか現金を貯めています。インターネット上で決済するから、海外送金をしてくれるカード会社と契約すれば海外でもビジネスができる。ほとんど税金なんか払う必要もないですから。

副島　香港に行けば、所得税は16パーセントですからね。

与沢　フィリピンに行った先輩もいますよ。「マカティにＩＴ企業を作れば無税だよ。金《かね》がすげえ貯まる。もう住民票も日本から抜いたよ」と言うんです。

副島　フィリピンのマカティ地区は政府がやっている金融特区ですからね。日本の住民票を移して（抜いて）しまえば、もう〝非居住者（ノンレジデント）〟です。いまでは、もう非居住者になったほうが賢いんです。国家がこんなに金持ちをいじめる国は日本しかないです。あ、アメリカ合衆国も相当厳しくなっていますね。

与沢　僕も海外に拠点を移しても稼げるんです。メルマガとか、アフィリエイトとか。日本にいなくてもできる。パソコンがあって、インターネットさえつながっていれば。こんなヒドい仕打ちを国税庁から受けると、海外に移住するしかないと思ってしまいますよ。

副島　新財界人（新経連《しんけいれん》）である楽天の三木谷浩史《みきたにひろし》さんが最近やられたのはそこなんです。インターネット上で本や薬品を販売しているアマゾンは無税なんです。日本の国税庁はアマゾンには税金を取りに行かない。アマゾンとかeベイ《イー》は、アメリカ国内でも課税できない会社になっている。三木谷さんはこれではアマゾンと競争にならないから、楽天の一部をシンガポールに移してインターネット上で薬を安く販売しようと試みた。ところが、日本の国税庁が「実質的に商品を動かしているのは日本の倉庫ですね」という理屈で許可しなかった。いまも、このことで揉《も》めている。

与沢　うちの場合、グループ会社まで差し押さえられたんです。FASとは関係ないんですよ。そこで言われたのは「認定」という言葉でした。不服があれば申し立てることはできる、とも言われましたが。

副島　法律で定める不服申立て先は、「異議審査庁」と言って、たかが税務署の中にあるんです。それが「庁」なんですよ。襲いかかってきた税務署員の隣りの席の奴が、この「異議審査庁」なんです。第三者機関のふりだけしますが、実態はない。この「庁」

が同じ税務署の中にあるんですよ（笑）。そこに①不服申立てをさせて、半年かけて「否認」の審決をする。その次が②「不服審判所」です。ここの国税不服審判所の審判官たちが、ほとんどが高卒の元税務署長あがりたちなんですよ。全くもって笑い話です。この不服審判で却下された後でないと、③税金裁判を起こせないようになっているんです。そういう複雑な仕組みに、ワザとしてある。要するに疲れ果てさせるんですよ。だからみんな税金裁判をするのを嫌《いや》がる。あいつらの思うツボなんです。私はこれを「鯉《こい》の滝《たき》上《のぼ》り」と呼んだ。よっぽどの元気な経営者でないと「滝上り」はできない。

与沢　グループ会社の財産まで勝手に差し押さえる根拠がわからないんです。担当者は口では「認定」と言ったけど、書類には「与沢翼ＨＤ株式会社名義の普通預金、６１８万円のうち一部２１３万円払い戻し請求権」と書いてあるだけでした。「認定」なんてどこにも書いていない。

副島　税務署員ごときが、勝手に「認定」なんてできないんですよ。「俺がそう決めたから」なんて偉そうなことを口で言いますが、絶対に書類にはできない。そんな書類が残ったら、その国税職員は処罰されます。「認定」なんてできるのは裁判所（裁判官）

だけです。マルサ（査察官）でもない国税局の職員（調査官）が、ポンポンと差し押さえていくわけですね。令状も無しに。恐ろしいことですよ。差し押さえ《フォークロージャー》は強制執行（エンフォースメント）ですからね。最後の捨てゼリフが「不服があったら裁判所に訴えてください」です。ところが、裁判をしようとしても、なかなかできない、させない仕組みになっている。

与沢　関係のないグループ会社の財産まで「認定」と言って差し押さえるとなると、別のところで稼いだのだから別だ、と主張しても、向こうがどう出てくるのかわからないからしんどいんですよ。知識もないし、専門家も周りにいないし。

国税と都税での税金の取り合い

与沢　7月ぐらいまでは、国税、都税の担当者からしょっちゅう電話がかかってきて呼び出されるんです。「書類持ってきてください」とか言われて。「事業体を変える」と言ったら、「何に変えるんですか？　その売り上げはどこに入るんですか？」と聞いて来るし。いまは都税と国税が取り合いというか、争っているように見えました。国税局の方はもう1億円ちょっと取ってしまっている。それを見て都税側が怒って10人で乗り込んできたのが4月28日でした。腕章をして、金庫も全部開けて、それが話題になって、マスコミがやってくるようになった。都税としては私が潰れるから取りっぱぐれる、という危機感があったんでしょうね。「もう国税に払うのはやめて、あとは私たち都税に」と都税事務所が言うと、国税局が、「今日は都税がかなり差し押さえましたね。今度は国税に」とか。僕から見ると、目の前で税金の取り合いっこです。

副島　与沢さんにとっては地獄の日々でしょうが、向こうはあなたを自分たちのエサだと思っているんです。

与沢　そうです。双方でエサを取り合っている感じです。ツラいっすよ。FASは名前が知られているし、再建できればかっこいいとも思うので。残したい。でも、事務所を新たに借りたら「その敷金を差し押さえる」とまた言うんですよ。それじゃどうしろっていうんですか。ビルのオーナーに、また「退去してください」と言われる。こちらの事情を何も聞かないで、国税局は「仕事なので」としか言わない。こんな状態で再建できるわけないじゃないですか。

副島　国税局の脅しを録音しておいたほうがいいですよ。ＩＣレコーダーをポケットに入れてね。

与沢　あ、そうですよね。何の証拠もなくなってしまいますし。いや〜しかし、税金って本当に大変なんですね。創業してから最初の２期は売り上げが５億円しかなかったので、税額は1億円くらいだったのかな？　次の期に売り上げが15億円くらいに伸びたので、税金払うのも楽だった。でも、売り上げが伸び続けないと、急に苦しくなるんです。売り上げが下がった途端に、調子が良かったときの税額を払えなくなってしまいますから。

副島　役人どもは、世の経営者たちの厳しさがわからない。彼らは脂が乗り切ったところで襲いかかりますからね。よ〜く見ているんです。芸能人たちがテレビで「お宅拝見」とかで豪華な暮らしを見せた直後でやられるんです。すってんてんにされますよ。放送したテレビ局は知らん顔です。エサを食い散らして、ポイッと捨てる感じですね。国税庁には広報広聴部というのがあって、「広報」だけではなくて、「広聴《こうちょう》」をする。すなわち、テレビや雑誌を職員たちがじーっと見ていて、「そろそろコイツをやろうか」となるんです。

与沢　お金が儲かるってのも怖いことなんだとつくづく思いました。資産を築いたら税金がかかるし、じゃあ経費だと認められるかといったら、あやふや。常に質素・倹約して税金のことを第一に考えていないと、日本で稼ぐのは難しいですよ。僕らは、金融機関から融資も受けてこなかったし、「企画、製造、販売」を自社で完結していて、どこにも依存しない会社を作りたかった。銀行にも頭を下げたくなかったし。それが国税にやられるとは…。

副島　人が頑張って金持ちになることを、こんなに邪魔する国はないですね。金持ち（富裕層）になろうとすることを国家が犯罪視している。金儲《もう》けを卑《いや》しいことだと思っている。おかしな国です。やっぱりファイティング・ポーズを取るべきです。

与沢　最近はそう思います。いままで丸め込まれたから（笑）。税って本当に難しいですよね。知識を得ようとしても事例ごとにケース・バイ・ケースで違いすぎる。実態は法律に明文化されていないところで動いているじゃないですか。条文で「○○のときは

○円」とか書いてあれば、税額を予見できますけど。

副島　そうなんです。「法律に基づく行政」という大切な考えを、彼らがかなぐり捨てているんです。判断基準をわざとあいまいにしている。そうやって国民の経済活動を萎縮させるわけです。

与沢　僕のことがいっぱい報道されて、友人たちビビッてますよ。とくに若い子たちが。そりゃそうですよ。相手は国税局ですから。見せしめってのもあると思いますよね。国税局の人が満足そうな顔をしてましたから。僕の記事を全部読んでいて、笑っているんです。国税局の徴収部の人ですけど。僕のブログも全部読んでいるし、雑誌記事に関して質問してくる。僕みたいなものが失墜していくことに満足しているのかな。

副島　彼らは、社会から毛虫のように嫌われる職業ですから。やがてそれが倣《なら》い性になって身に染みつく。そして金持ちや芸能人への妬《ねた》み、嫉妬の感情を持つ。自分たち税務署員が、庶民の代わりに有名人を成敗《せいばい》しているんだという気持ちになっているんですよ。私がこのように言うことで、与沢さんの担当者のソイツは肝を冷やしますよ。日本では、こんなことをやっているようでは本当に能力があってやる気のある人たちが、まともな経済活動をできません。最低限、違法行為の線を明確にして、それ以外は自由にやらせる、というのでないと。こんなにすっかり貧乏くさい国になってしまって。成長戦略なんてウソ八百だ。税金官僚たちをなんとか処罰しなければいけない。そうしないと日本は滅びます。

与沢　本当にそう思います。何が良くて、何が悪いのかわからなすぎるんです。後付けで不正、とされるのが怖くて動けない、というのがずっとあります。

副島　彼らは金《かね》が前もってどこにいくらあるか全部調べてから攻めてきますから。

与沢　そうですね。私個人の通帳を、たしか7年前ぐらいから記録照会したものを見せられましたから。たとえば、刑法の条文で、人の物を盗めば罰せられるとかわかるじゃないですか。ところが、税法に関しては、グループ会社間の取引に税金はかかるのか、かからないのか、とか、わからなすぎる。国税局の人にすごく言われるんですよ。「グループの組織図を出せ」と。

副島　向こうは脅しすかして、本人に自白させようとする。その方が手間が省けますから。ゲロゲロと白状するのを待っているんです。与沢さんはまだ税務調査中でしょう。

事業を潰《つぶ》すほどの税金の取り立てを許していいのか

いまの日本に成長経済がないのは、公務員たちが、それが正義の執行だと思い込んで、イキイキとした経済活動の自由を妨害するからだ。

最近は調査が終わったら、「税務調査終了証（通知）」をくれます。私はもらいました。「いつ私への調査は終わるんですか？」としつこく聞き続けてください。「ヘビの生殺し状態は止めてくれ」とハッキリ言うべきです。警察の犯罪の捜査でも、期間は決まっている。それを税務調査の場合、2年も3年もずるずると続けるなんてことをやっている。本来やってはいけないことですから。「あなたがいつ私の調査を終わるか言えないなら、上の人に会わせろ」と言えばいい。そして「終了証」を必ず出させて下さい。わざと国税庁はこの制度のことは世の中に教えないようにしています。

与沢　わかりました。たしかにそうですね。ありがとうございます。

副島　大変なところでしょうが頑張ってください。応援します。

第五章

「地検特捜部は、私が無実であることを知っていた」

マルサのガサ入れから5年間の闘争で、国税・検察に完全勝利した

八田 隆・元クレディ・スイス証券部長

八田 隆（はった たかし）
プロフィール

元クレディ・スイス外国債券営業部統括部長。東京大学法学部卒業後、ソロモン・ブラザーズ証券、クレディ・スイス証券、ベアー・スターンズ証券といった外資系証券の世界を経験。クレディ・スイス証券在籍時に、07年までの2年間で、給与の一部として得た株式報酬を申告せず約1億3200万円を脱税したとして、国税局査察部の強制捜査後、刑事告発された。5年間の法廷闘争を経て、査察部告発、特捜部起訴の事案で史上初の無罪を勝ち取った。2014年5月、5年間の戦いの記録『勝率ゼロへの挑戦〜史上初の無罪はいかにして生まれたか〜』（光文社刊）を上梓。

八田　私は確信していますが、東京地検特捜部は、私が無罪だということを知っていた。しかし、彼らは決して引き返そうとはしなかった。

２００７年12月16日、石川県金沢市の実家に、マルサが突然やって来た。そこから八田氏の闘いが始まった。東京国税局査察部《ささつぶ》（マルサ）で受けた執拗《しつよう》な取り調べは、八田氏を消耗させ、〝自白〟を取るためのものだった。

八田氏は最初から否認《ひにん》を貫いたが国税は引き返さない。このあと八田氏は、東京地検特捜部の取調べをＴｗｉｔｔｅｒで〝実況中継〟して応戦。それに対して、東京地検特捜部は八田氏を１億３２００万円の「脱税」容疑で起訴に踏み切った。まったく身に覚えのない容疑だった。そして東京地裁で八田氏は無罪を主張し続け勝訴した。今年1月、東京高裁が一審通りの無罪判決を言い渡し、検察は上告を断念。八田氏の５年に渡る長い闘争は、「完勝」に終わった。

副島　まずは無罪判決おめでとうございます。私も税金裁判を8年やりましたが、本当に国家を相手に闘うのは大変なことですよね。

八田　ありがとうございます。私の場合は、金沢の実家に突然、マルサがやって来た。最初から、犯罪者を処罰するような扱いでしたね。そして、無理筋とわかっていたのに引き返さない。私は、最初から否認して闘うと決めていましたが、無罪になるとは思わなかったですよ。

副島　日本の裁判では検察に起訴されたら、99・9パーセント有罪。特に、国税がガサ入れして、特捜部が起訴したケースでは、いままで「無罪」になったケースはないですからね。

八田　結果にはこだわっていなかったのです。「義憤」というとかっこよすぎますが、「こんなふざけたことを許していいのか」というプリミティブな怒りでした。ブログを書いていて、冤罪《えんざい》被害者の方からお便りをいただくことがあるのですが、私は、「結果にこだわるなら最初から闘わないほうがいい」とアドバイスしています。「無罪を勝ち取れなかったら不幸になる」というマインドでは闘い切れないですよ。結果にこだわることなく、それでも諦《あきら》めないということが必要なんです。

副島　自分の態度、主張を途中で変えた人間が狙われます。裁判官が狙ってくるのはそこなんです。あなたは態度を変えましたね。主張が以前のものと矛盾していますね。だからあなたは敗《ま》け（敗訴）です、とするのです。そうやって国家に異議を唱える者の落ち度を突いてくるんです。自白調書に指紋を押したら負けなんです。後から裁判の場でいくら否認してもくつがえすことはできない。裁判官は、「あなたはこの調書に署名して認めているではないですか」と非難して負けさせる。八田さんは最初から主張を一貫されていたのが非常に良かった。

八田　調書に署名をしないのは、本当に大変でしたよ（笑）。人生の中で、あんなに大声で人と議論したことないです。これから先の人生でもないと思います。ケンカではないんです。敬語を使って腹の底から怒鳴り合っていた。胆力が無いととてももたないですよ。彼らも取り調べのプロですからね。自白調書を後から裁判の場で否認する人を見て、「何で自分がやってもいないことをやったと自白するのか」と思うでしょうが、検察官の取り調べを受けて初めて実感としてわかるんです。

副島　暗い部屋で20時間も取り調べられたらたいてい落ちますよね。だから取り調べの可視化が大事なんです。検察庁は可視化を必死で嫌《いや》がっています。

八田　私が無罪になったのは奇跡です。あきらめの悪い被告人（私）と、優秀な弁護人（弁護士）と、まっとうな裁判官というのが惑星直列（太陽系内の惑星がほぼ一直線に並ぶ、1千年に一度も起こらない奇跡的現象）になって出た奇跡の無罪だと思うのです。被告人ができることは本当に小さい。わずか数パーセントしかない。弁護人が1割。残りの9割は裁判官次第です。被告人ができることは、完全に罪状を否認し続けることと、優秀な弁護人を選ぶ。この2つだけなんです。これができるのは本当に初期の段階です。応急措置を間違ったら死ぬのと同じです。無罪という結果は奇跡みたいなものですが、入口のところでの私の判断は間違っていなかったと思うのです。

脱税という言葉は安易に使ってはいけない

副島　それは幸運でしたね。私も行政裁判である税金裁判を8年間やりました。「国税《こくぜい》犯則規則《はんそくきそく》」という法律があるのです。明治時代にできた古臭い法律です。この法律だけがあいつらの〝伝家《でんか》の宝刀《ほうとう》〟です。この「国税犯則（反則ではない）規則」に基づいて、国税庁が検察庁に刑事告発できるのです。国税庁には裁判所に起訴《きそ》（エンダイトメント）する権限はありません。あくまで国家の代理人である検察官が、公共の秩序を乱した犯罪容疑者だとして、処罰を裁判官（裁判所）に要求する。これが「脱税」ですね。「脱税」という言葉を国民があまりにいい加減に、簡単に使い過ぎる。それが国税庁の思うツボなんです。脱税は犯罪（刑事罰《けいじばつ》）ですから、ものすごく重大なことなのです。収入（売り上げ）を数千万円ごまかしただけで、国民を犯罪者にしてしまうのか。当然だ、などという考えを社会の常識にしてはいけないのです。それは大変なことなのです。誰でも犯罪者にされてしまう。相当に「悪質」なもの以外は、「脱税」という言葉は安易に使ってはいけない。しかし、「脱税」「悪質」という言葉が平気で世の中にはびこっている。私自身、本の中で何度も書きましたが、まず収入漏れの金額が「1億円から上が国税犯則違反（＝脱税）である」と決めてくれ、と私は主張します。申告していなかったお金《かね》が1億円以上なら「脱税で処罰される」、とハッキリと決めてくれればいいんです。とところが国税庁に聞いても、税理士に聞いても、ムニャムニャ言う。「たしかに金額的には1億円がラインなのです」と言う。それなのに税金の専門家たちが認めない。が、いまは3千万円でも脱税だ、脱税だと国税側が騒いで経営者や資産家たちを脅かすのです。国税庁・検察庁はこの重要な点をわざとあいまいにしている。八田さんも犯罪者扱いされたでしょう?

八田　そうです。私は、過少申告《かしょうしんこく》を最初から認めているんです。会社が源泉徴収していないことを私は知らなかったわけですから。でも、わざとやったわけではない。脱税の要件には「故意」が必要ですから。それなのに、事情を知らない人々からしてみれば、「あなたが税金を払ってなかったんでしょ。それって脱税ですよね」と言われてしまう。

副島　そうじゃないんですよね。みんな、当事者になってヒドい目に遭わされないと、分からないんです。申告漏れなら修正申告をすればいいだけのことです。それだけのことなのです。その修正申告をする権利を国税庁が認めようとしない。法律違反にも2種類あって、手続き違反だから修正申告をして終わりにするべきことと、刑事罰まで受ける犯罪がある。この2つははっきりと違う。これが一般の人になかなか区別がつかない。修正申告は手続き違反をなしの状態にする（是正《ぜせい》する）ことだ。それで終わりにすべきだ。ところが八田さんに対しては修正申告の権利を初めから奪いましたね。こういう事実を国民に知らせて啓蒙していかないと、世の中が成長しないですよ。いまは、何でもお役人様が出張ってきて、俺さまが解決してやるという発想です。八田さんの場合も、証拠がないのに無理筋のまま検察庁が国税庁からひきうけて、八田さんの言葉を借りれば、「ここで引き返しなさい」といくら言っても、意地になって検察官と国税庁が引き返さなかった。

八田　ええ。個人の人権よりも、彼らがプライオリティ（優先順位）を置いているのは社会秩序なんです。裁判所は、自分たちが人権の砦《とりで》だと思っていて、国税や検察の肩を持つ方が、社会が安定すると思っている。さらにそこにメディアがからんでくるから面倒くさい。国民はメディアの情報をうのみにしがちです。第四の権力のはずのメディアが体制側の情報を垂れ流していることに危険性がある。

副島　そうです。メディア（テレビ、新聞）が、報道の自由を行使して、権力者を監視する、「ウォッチドッグ」（人々のための監視の犬）の役割を果たしていない。それどころか権力の犬になってしまっている。国民にウソをつくとまでは言わないけど、情報を自分たちで統制し、公権力の意思を垂れ流す下部組織に成り下がっています。メディアは役所から情報を取って流すだけの出入り業者みたいになってしまっている。

八田 メディアの存在意義は、弱きを助け、強きをくじくことにある。それが弱いものいじめをするようになってしまったら、目も当てられませんよ。

副島 私の先生の小室直樹という偉い政治学者が言っていました。日本は、まだ近代社会ではないから、テレビ、新聞、雑誌で叩かれるとそれが有罪判決。警察に捕まると、それでもう二審判決（高裁判決）。起訴されたらそれで三審判決（最高裁判決）だ。裁判所の役割をメディアと警察が果たしている。つまり裁判所に行く前の時点で刑が確定しているわけです。

八田 裁判所は追認するだけ、ということですね。

副島 そう。叩かれた時点で決まりなんです。

八田 メディアで報じられた時点ですね。私自身が、新聞報道で自分が刑事告発《こくはつ》されたことを知ったのです。起訴されたのは、２００９年12月でした。その時点ではどこの新聞も報じなくて、もちろん私も知らなかった。朝日新聞が〝スクープ〟したのが、翌年

2月19日です。「脱税容疑の構図」という図表までついていました。2月の確定申告のシーズン真っ最中に、国税がこの時期に、わざと効果を狙ってリークした。それに朝日が乗っかった形ですね。そこからは報道スクラムでした。ただ、メディアを一方的に非難するよりは、国民のメディア・リテラシー（メディアを判別する能力）を高めるべきだと思うんです。国民がメディアを選べるようになって、「新聞を取っても意味は無い」と思うようになれば、彼らも態度が変わると思うんです。

副島　現に起きてますね。新聞の売り上げの激減は相当厳しい。大きな意味では歴史的処罰を受けている。ところが、売り上げが半分、3分の1に減ると、逆にもっと役所（官庁）にしがみつくようになるのです。役所の一部になってしまう。私は「報道」というのも、いまでは国民洗脳の道具だと思っていますから。

八田　役所の広報部になってしまうんですね。

副島　そうです。金融統制、経済統制から思想統制、やがて生活統制にまで至るその途中まで来ていますよ。

八田　でも、日本の国民の何割が、この日本の社会が統制国家になりつつあるとわかっ

八田氏は自身が刑事告発されたことを新聞で初めて知った

2010年（平成22年）2月19日　金曜日　朝日

元部長1.3億円脱税容疑

クレディ・スイス証券　東京国税が告発

スイスの金融大手の日本法人「クレディ・スイス（CS）証券」（東京都）の元部長(46)が、親会社から与えられたストックオプション（SO、自社株購入権）で得た2007年までの2年間の所得約3億5千万円を隠し、約1億3千万円を脱税したとして、東京国税局から所得税法違反容疑で東京地検に告発されたことが分かった。

CS証券では、これとは別に、社員100人超がSOで得た所得計約20億円の申告漏れを指摘されていたことが判明している。

告発されたのは、CS証券外国債券営業部の元総括部長。07年秋に退社し、現在はカナダに滞在している。

関係者によると、元部長は在勤中、SOの　種を与えられ、この権利を使い、CS株を得た際に給与所得として税務申告せず、株が値上がりした後に市場で売却した利益も申告していなかったという。

元部長は、CSのスイス本店にあり、富裕層の資産を管理するプライベートバンク（PB）の口座を使って株を運用し、所得隠しをしていた。スイスのPB口座は口座を番号だけで管理していることから「ナンバーアカウン

2008年11月、クレディ・スイスの社員など100人が申告漏れを指摘されたのが発端だ。株式報酬は会社で源泉徴収されている、と思った“うっかり”ミス。ほかの社員が修正申告で済ませるなか、八田氏だけが“故意の脱税”で告発された。（朝日新聞、2010年2月19日の記事）

ているんでしょう。

副島　いや、ほとんどわかってないですよ。ただし、金持ち、資産家層でこれまでに税務署に痛い目に遭った人たちはわかっている。みな、痛い目に遭うまでは、役所がうまく動いている立派な社会だと思い込んでいる。

八田　今回、私の無罪が確定したとき、報道の私の扱いが匿名だったりしたんです。国税局に告発されたときは実名報道だった。たとえば、共同通信は、私が告発されたときは英語で、全世界に配信している。ところが私が無罪になっても共同通信は報道してくれない。だから、Googleで「Takashi Hatta Credit Suisse」と検索すると、いまだに私が告発された報道記事しか出て来ない。国際社会では、私は脱税犯のままなんです。

副島　だから八田さんのことをいまだに「悪人だ」と思う人が世の中にはいっぱいいるでしょう。あと、秩序重視派という人たちがいる。「問題とされたこと自体が、お前の責任だ」と。そういう人たちが世の中にはいます。そういう意味では、検察特捜部での取り調べを八田さんがTwitterで実況中継したのは大きかったですね。とにかく、彼らの蛮行を、世に知らしめることで闘っていくしかない。

八田　Ｔｗｉｔｔｅｒに書くことを弁護士先生たちに反対されました。それから、私は支援してくれる人たち１００人ぐらいに状況報告メールを送っていたんです。それも弁護士に「止《や》めてくれ」と言われた。「そのメールを検察に渡す人がいないとも限らない。情報がつつぬけになる」と。でも、私は止《や》めませんでした。「証拠の全面開示」という主張をすべきだとずっと思っていましたから。捜査当局は膨大な情報を一手に集めるんですけど、「チェリー・ピッキング」といって、おいしいところだけ、つまり黒っぽいところだけを裁判に証拠として出してくる。全体を見たら、「白」が圧倒的に多いのに、その一部の「黒」だけをつまみ出して、さらにスプレーで黒くして裁判に出す。すると、裁判官も全体像を知らないから被告人は「黒だな」と思ってしまうわけです。私は、当事者になるまで、そんなことも知らなくて。

検察が集めた証拠を弁護士が見ることができない、なんておかしい。だから、メールやＴｗｉｔｔｅｒで、たとえ自分が不利になることがあっても情報を開示するしかない、と。「証拠の全面開示が必要」と主張する以上は、自分がやっていることを隠すのはおかしい、と思ったんです。

実質と形式を使い分ける、国税の穢《きたな》い手口

副島　素晴らしい闘いをなさいましたね。八田さんにお聞きしたいのは、国税側の「実質」と「形式」の使い分けです。非常にあいまいな解釈を武器に、自分たちの好きな方から攻めてくる穢《きたな》いやり口をお聞きしたい。

八田　私の場合は、「形式」で攻めてきたのです。クレディ・スイス時代はサラリーマンでした。給与から税金が天引きされていると思っていた。しかし、株式報酬に関しては給与から天引きされておらず、そこが問題となったのです。その点で、クレディ・スイスは、株式報酬が海外で支払われていたので、会社には源泉徴収（天引き）の義務がないと考えていたわけです。ところが、調べてみると実質的には、日本のクレディ・スイス日本法人が給与見合いの引当金を支払っている。つまり、形式的には現物株およびストック・オプションといった株式報酬をアメリカの口座でもらっていたのですが、実

質的には日本法人がコストを負担していた。ですから実質的に言えば、日本法人に源泉徴収の義務があるわけです。ところが、そこを当局はあえて論点にしなかった。なぜなら、あくまで私に脱税の「故意」があるかどうかを論点にしましたから。会社を悪者にしても、当局には何のメリットもないのです。

副島　国税庁も、クレディ・スイスと争う気はないわけですね。国際問題になるし、外務省が出てきたら手におえない。「八田本人だけを叩き潰せ」ということですね。

八田　おっしゃるとおりです。検察当局は、実質的には会社側に源泉徴収義務があるにもかかわらず、形式的に海外法人から支払っているから、クレディ・スイスには源泉徴収義務がないとしてしまったわけです。だから、八田本人に申告義務があった。それを私が故意に怠った、と検察は論理構成した。ここは、私の担当税理士が、証人尋問で「日本の会社が海外に子会社を作って、そこから形式的に給与を支払えば源泉徴収義務が無くなる危険性もある」と主張したのです。

副島　会社（法人）はその国の税法に従うわけですからね。

八田　そうです。でも、そうすると、国税は取りっぱぐれる可能性が出てくる。本来、日本人サラリーマンの給与は、形式的には海外の会社が支払う形をとっていても、実質的にはコストを負担しているところ（日本法人）に源泉徴収義務がある、としたほうが、国税当局にとっては一貫した論理になる。ところが、私の裁判では、彼らはそう主張しなかったのです。

副島　国税・検察側は、「実質」と「形式」をいいように使い分けたわけですね。その手口は悪質ですね。クレディ・スイスと国税・検察の間でも、取引があったんじゃないですか？「八田だけを私たちは狙っている。会社は一切不問にするから協力してほしい」という取引が。

八田　だと思いますよ。

副島　「八田はもう会社を辞めた人間だから」ということで国税庁とクレディ・スイスが合意した。社員たちに一斉に税務調査した。そして八田だけを痛めつけるので、クレディ・スイス本体への波及はありません、という取引が成立していますね。

八田　たしかに、当局は金融庁には報告しなかったですね。コンプライアンス（法令遵守）違反で、金融庁の調査が入ってもおかしくない事案だったと思うのですが、一切やらなかった。

税務署員は事務公務員であるべき

八田　北風と太陽の話があります。税務当局は、「税金は誰も払いたくないものだ」という前提で動いていると思うんです。それは北風の考え方です。その考え方を変えて、もっと気持ちよく税金を払えるシステムを考えるべきなんですよ。高額納税者がリスペクト（尊敬）されない社会は、長く続かないと思うんです。私も今回、税理士に言われたんです。「八田さんはこれまで、国税から感謝状をもらってもおかしくないぐらい納税しているのに、なんでこんな扱いを受けるのか」と。

副島　そのとおり。高額納税者を大切にしない国は滅びます。高額所得者なんてのは、税金官僚からしたら悪人なんですよ。彼ら税金官僚は良くて年収1千万円ぐらいの給料しかもらっていない。金持ちへの妬《ねた》み、嫉妬が強いんです。

八田　なるほど。妬《ねた》み、嫉《そね》みが原動力になっていたら、成長性は無いですよね。

副島　日本がこの20年成長しないのは、政府の経済・金融政策の失敗ということもあるけど、この他に、帳簿を細かく見る社会になってしまったことも原因です。役人が上から押さえつけるように「帳簿を徹底的に調べます」なんて企業や資産家に言ったら、みんな脅《おび》えますよ。そんな国はますます干上《ひあ》がって成長しなくなります。税金官僚たちはわざと、貧乏人の妬み根性や金持ちへの嫉妬心を煽動するんですよ。特に税金を取り立てる税金官僚たちがね。同じ公務員でも自衛隊や警察官はそんな考えをしない。ところが税務署の職員ってのは性格・人格がゆがんでいる。どんどんサディストになっていくんですよ。

八田　私への取り調べのとき、マルサが押収した証拠のなかに、私が会社の野球部にいたときの写真が出てきたんです。査察官の人も、国税局内の野球部にいるらしくて、私が「対外試合なんかやるんですか?」と聞いたら、「いや、私たち国税局員は対外試合なんてできませんよ。もしやるとしても国税局員なんて言わない」と。当時は不思議に思ってたんですが、いま思えば、そりゃそうだなと思うんです。対戦相手が、「こいつらには絶対負けたくない」と思うだろうし、それこそ「球をぶつけてやる」と思う人もいるかもしれない。

副島　税務署員たちは、自分たちがかわいそうな職業だという自覚があるんですよ。逆に、その分いじめが陰湿になる。居直っているんです。お金を隠している人を痛めつけることに無上の喜びを感じるんですね。お金（申告漏れ）を見つけることが出世につながる。それだけなんですよ。あとは我慢していればいずれ税理士になれるという喜びだけ。

八田　その制度を止めたほうがいいと思うんです。23年間税務署に勤めれば、試験を受けなくても税理士になれる制度ですね。税理士試験がある以上、それに受かって税理士になれるようにしないと、癒着が生じますよね。

副島　国税職員はかつての上司、部下関係で、ものすごい癒着があります。だから税務調査や査察に入る前に、向こう側に情報が伝わっていたとか。税務署の先輩後輩関係で書類が漏れて摘発されたとか。そういう事例がたくさん出ています。

八田　でも、税務署上がりの税理士を使ったほうが交渉がスムーズに進むと思っている。刑事事件の弁護でもヤメ検弁護士に頼んだほうがいい、とか。そういう発想だから日本は変わらない。

副島　税理士の6割が税務署員上がりですからね。

八田　そんなにいるんですか?

副島　そうですよ。もっと増やそうとしている。それから嫌な話だけど、試験組《ぐみ》といって、税理士資格試験に受かって、お客様=依頼人のためにがんばっている税理士に対して、「お前ちょっとがんばりすぎだ」と国税庁がマークする。国税庁に睨《にら》まれると、「関《かん》与先《よさき》」というのですが、その税理士の顧客100社ぐらいに、一斉に税務調査に入るのです。そうしたら、顧客たちが騒ぎ出す。「あなたに税務申告を頼んでいるからこんな目に遭う。もう頼まないよ」と仕事を打ち切られてしまう。

八田　経営者たちは痛くもない腹を探られるのは嫌ですからね。

副島　そうです。そうやってその税理士の客であることをやめてしまうんです。「俺が痛い目に遭ったのは、あんたのやり方が悪いからだ」と。そうやって仕事熱心の立派な試験組の税理士を痛めつけてきた。今は公認会計士も、難しい試験を通ってなっているのですが、仕事がない。そうすると公認会計士も税務事務でご飯を食べている。すると税理士会に天下っているたくさんの国税庁の元幹部とかが、「税務申告の仕事は自分たちの独占事業だ」と公認会計士を排除しようとしてきている。

八田　弁護士も税務申告の手伝いができるんですよね？

副島　できます。税理士業務の全てができる。でも本当のことを言うと会計実務ができないし、細かい税法の条文がちゃんと読めないと弁護士たちが言っていました。税金の実務を知らないので、いくら法律の条文の読み方がわかっていても無理なんです。反対に普通の税理士は、お金の計算しかできないから、税務署と顧客の間に入って「何とかしてください」とか、「私のおかげで税金が安く済んだんですよ」という程度の仲介業者（ブローカー）ですよ。自分たちはインターミーディエーター＝仲介業者だ、という考えがいまの税理士には染み込んでいる。彼らは国税局＝税務署の御用聞きに成り下がっているんです。そうすると、客が痛めつけられたほうが都合がいい。「私がうまい具合に処理してあげましょう」と、国税幹部上がりの税理士が、しゃしゃり出てくるケースが多くなっている。やはり、金額の大きな事例では、無理が利く国税上がりの税理士が間に入ると、うまく収まるみたいです。こういったことを社会の表面に出すべきだと私は思っているんです。このことを体験した人たちがどんどん真実を書くようになれば、社会は明るくなる。是正される。

八田　税務は、基本的に主観が入るべきものではないですね。税務署員は有能なクラークであるべきなんですね。

副島　そうです。彼ら税務公務員を威張らせてはいけません。彼らは国家の経費をまかなうための、最小限度のお金を集めるための事務員（クラーク）なんですよ。それが、「たくさん稼いでいる人から取って、所得の少ない人に回す」などと、自分たちが社会を平等公平にしているんだなどという考えを持っている。それに対して、「それはアンタたちがやる仕事ではない」と分からせるべきです。

八田　それはとんでもない思想ですよ。

副島　そうです。この世を平等、公平にする正義の味方が税務署員だ、などというのは思い上がりを通り越して違法である。彼らは法律に基づいて税金を集めるだけの「事務員」にすぎないと自覚するべきなのです。法律の解釈と適用は形式的でなくてはいけない。「第○○条に基づいて執行する」とか「第○○条に違反しているから」というように行動すべきです。税務署員が勝手に「実質的には」と言ったら、法律は成り立たないんです。法律は形式ですから。たとえば、暦年贈与《れきねんぞうよ》という制度があります。毎年110万円ずつこつこつと孫に資産を分け与えるのは、無税でできる。ところが、毎年こつこつ孫の通帳に振り込んできたのに、「この通帳のお金は、実質的にあなたのお金ですね」と言われて、わなわなと崩れ落ちる老人がいっぱいいるんです。

八田　税務署員がお金を計算するだけの事務員なら、これほど税務署を恨む人がいるはずがないんです。それがなぜか、主観的に動いているように見える。彼らは逆にそのように強圧的に立ち振る舞うことによって、自らのクビを締めていると思うのです。

「国税局も検察庁も、私が無実であることを知っていた」

八田　今回、取り調べを受けたとき、国税局でも検察庁でも、「話せばわかる。彼らは無実の人間を罪に陥れることはしない」と思っていたんです。でも、ぜんぜん違った。彼らは自分たちの間違いを絶対に認めない。私は確信しています。彼らは私が無実であることを知っています。でも、彼らは引き返せなかったのです。「話せばわかる」というのは、国は間違いを起こさない、という発想の裏返しなんですね。私も周りの人から、「いや、そうはいっても脱税したんでしょ」とか「お上《かみ》の言うことに間違いないでしょう」とか、さんざん言われましたよ。

副島　高収入の人間たちからはたくさん取っていいという素朴な発想が国税側にある。世の中には高い報酬を受け取る人々がいるのは当たり前だ。そこから税金を取れるだけ取っていいという発想は間違っている。一代で這《は》い上がった者たちは、たとえばホリエモン（堀江貴文氏）のように身ぐるみはがされる。国家としてやってはいけないことですよ。その国の成長力の源泉を無くしてしまうことになる。能力のある人間たちをいじめたら、その国の活力がなくなる。貧乏な人々を自分たちが面倒を見ている（福祉行政）と、信じ込んでいる公務員たちが、金持ちからお金とともに活力を奪い取るんです。これは無くさないといけない。八田さんは、その意味で、日本人の意識を変えるために最適な人だと思うのです。

八田　私は特捜部の在り方を考えているんです。従来型の犯罪、たとえば殺人とか強盗とかでターゲットにされる人たちが、罰せられても社会にそれほど影響はない。ところが、地検特捜部のターゲットになった、小沢一郎氏や、堀江貴文氏らを社会から取り除いたときのマイナスはものすごい大きいわけです。だからこそ、特捜検察には説明責任がある。ところが彼らは自分たちが正義に基づいてやっていると思い込んでいる。彼らが考える正義が、本当に社会にとっての正義なのか、疑問です。誰かが間違っていると言わないと。彼らは裸の王様ですよ。

副島 そのとおり。特捜部に配属されたエリートの検察官たちは、自分たちの方が政治家（国民の代表）よりも能力があって、正義（ジャスティス）の判断者として上位に立っている、と思い込んでいる。これはとんでもない考え方です。デモクラシー（代議制の民主政体）で最高の権限を持つのは国民の代表者たち（政治家）です。彼らを簡単に法律で処罰できるなどと考えること自体が許しがたい。官僚たちが悪いのは、自分たちの手下・子分である公務員を食わせることを優先して一般国民を二の次にすることです。企業がどれだけ努力して儲けても、それらは自分たち公務員への「上がり」だと思っている。暴力団のみかじめ料みたいな発想ですよ。「あの企業はうちの省の管轄《かんかつ》ですから」

と、管轄（縄張り）という言葉が大好きなんです。

八田　東日本大震災があって、日本の価値観が大きく転換したと思うのです。無謬《むびゅう》神話というものが、一気に崩れてきている。原子力発電所も「絶対に事故は起きない」という神話が崩れたし、原発を監視する委員会などもそうです。だから、無謬神話に立つのではなく、間違いを起こすことを前提にシステムを作らないといけない。先進国では、みなそういうシステムになっている。ところが日本だけが、お上《かみ》のやることは正しいとか、間違いを起こさないという前提に立ったシステムになっている。これは私が当事者になって初めて、日本の刑事司法のルールはとんでもないものだと知って考えたのです。検察官が間違いを犯すことがないという前提に立てば、こんなに効率の良いシステムはない。彼らが見立てた容疑者は必ず悪人になるわけですから。どんなに巧妙に言い訳をしても、有罪にするだけの力を検察官に与えてしまっている。こんなシステムはおかしいですよ。公権力の外に、第三者機関など、監視する権限を持たせた組織を置くことが必要です。

成功者を認める社会でなければ成長はない

副島 八田さんは、2007年まで金融取引の実務で、クレジット・デリバティブ取引のど真ん中におられたと思います。それが破たんする直前（リーマン・ショックの発生。2008年9月15日）のところでお辞めになっているのがすごいと思いました。

八田 そうですね（笑）。元部下からもよく言われるんです。「八田さんはマーケット観がいいですよ。絶妙のところで辞めているから。いま、たいへんなんですよ。この業界」と言われますね。私は「国税・検察に狙われていなかったらベストのタイミングだけどね」と返すんですけど（笑）。本当に金融商品で取引する時代じゃなくなった。

副島 世の中、みんな金《かね》儲けをしたい。儲かっている人をうらやましいと考えて、儲け話にひっかかる人が多いんです。あとはマルサや税務署にヒドい目に遭わされた人の話を聞いて、「いい気味だ」と思う人もいる。儲かった人たちへの妬《ねた》みの感情です。そうではなくて、第三の道がある。まっとうにがんばって成功した人を称賛し、褒《ほ》める。成功した人々に名誉をあげて尊敬する社会にしていかないといけない。そうしないと社会が健全じゃない。明るくならない。成長しないんです。

八田　能力、運の差があるにもかかわらず、結果を平板に均《なら》そうとするのは、むしろ平等ではない。たとえば、アメリカン・ドリームのように、成功者が称《たた》えられる国では、みな成功しようと目指しますよね。ところが、日本はなぜか成功している人の足を引っ張って、低い所で均そうとする。その発想はゆがんでいると思うのです。

副島　まさしくそこなんです。努力してがんばった人を社会がもっと認めろと。頑張った人は特別待遇にならざるを得ない面があって、それを社会が認めないといけない。日本では、官僚様《さま》のほうが何故だか上なんです。私は彼らを「顔《カオ》なしくん」と、嫌な言葉で呼ぶのです。彼らはひとりひとりは目立たない。目立ってはいけない。組織で動く。官僚が法律という、自分たちが勝手に作った刀を使って人々に襲いかかるのを止めさせないといけない。「法の謙抑《けんよく》」という考え方が大事で、法律はでしゃばってはいけないのです。なるべく後《うし》ろに控《ひか》えて遠慮するべきなのです。ところが、国税庁がのさばって、「社長、今回の調査は1億5千万円でまけてあげますよ」なんて取引をあちこちでやっている。大企業の経営者一族であってもマルサの査察が恐くて仕方がない。立派な金持ちたちが堂々と立派な消費をしない国になっている。わざと穢《きたな》いかっこうをして、目立たないようにコソコソ生きている。ちょっとでも派手なことをしたら、すぐに国税庁にやられてしまうから。

八田　サラリーマンをやっていると、税務署との関わりって本当に少ないんです。今回、取り調べを受けて、何百時間も国税局の人と接したわけですが、「かわいそうだな」と思いましたよ。非常に間違ったインセンティブ（動機）で能力・時間を使う仕事をしている。彼らのコスト意識って本当にヒドいんです。私の場合、捜査の過程で膨大な英語の資料があるのですが、それを彼らは頭から「外注」で英語に翻訳させているんです。それだけでも大変な金額だ。私の裁判で国税・検察は数億円の税金を使った。私が国家賠償請求訴訟を起こしたのも、少しでもそのお金を取り返して、刑事司法制度を変えるために使いたいと思っているのです。

副島　いまは、国家賠償法《こっかばいしょうほう》に基づく国家賠償請求訴訟を闘っているのですね。

八田　そうです。代理人チームとして、喜田村洋一弁護士、郷原信郎《ごうはらのぶお》弁護士、森炎《もりほのお》弁護士、小松正和弁護士。彼ら「超重量級」の先生方にお願いして、勝ちに行きます。国家賠償請求訴訟が、ハードルが高いことはわかっているんです。再審請求《さいしん》つまり、確定判決をひっくり返すのは「針の穴にラクダを通すほど難しい」と言われていますが、それよりハードルが高い。

副島　認めないわけですね。国家の過ちを。

八田　そうなんです。オフィシャルに冤罪と認められている足利事件の菅家《すがや》利和さんや、東電ＯＬ事件のゴビンダさんさえ、国賠審をやらない。時間のムダだと。でも、誰かが訴えないと、捜査権力にはペナルティが無いわけです。そうすると、もっとうまく反則してやろうとか、反則常習を看過することになってしまう。間違っていることは間違っていると主張し、正さなくてはいけない。もし、国賠審という手段があることをみなが知るようになれば、抑止力になりますから。結果がどうあれ、私はやるべきことをやりますね。本当にうまくいって５億円取れれば、それを社会に還元したいです。

副島　この国に生まれたのは私たちの運命ですからね。批判していかないといけない。

八田　他国から見たら、中世並み、後進国といわれるシステムですよ。自分が生まれ育った国のシステムが「中世並み」といわれるのは悔しいですよね。

副島 いまはバンクーバーにお住まいですよね。つまり日本では非居住者＝ノンレジデントなわけですね。

八田 そうですね。国籍は日本ですが、カナダのバンクーバーの居住者《レジデント》です。日本に半分以上居ないこと、プラス海外で収入があるか、生計を一つにしている家族が一緒にいる、という条件を満たさないと、日本の国税は非居住者と認めないんです。

副島 将来も日本を完全に離れるつもりはないのですね？

八田 完全に日本を諦《あきら》めたら、海外に移住するという選択肢はありますが、まだ諦めがついていない。海外で長く暮らすと日本のいいところがわかるんです。でも、いまの日本はどうもくだらない方向に向かっている気がして。自分ができる範囲で変えていこうと思っているんです。自分のことだけ考えたら無理ですよ。国家権力と闘うのは。

副島 災難が自分に降りかかったとき、たいがいの人は逃げますよ。でも、誰かが逃げないで闘わないとね。八田さんはそれをなさっているから偉いです。もう一つ、重加算税を不服として国税局を相手取った闘いも完全勝利でしたね。

八田 ありがとうございます。といっても、5年間放ったらかしにしておいて、やっと来たのが一枚の通知でしたからね。

八田氏は5年に渡る刑事裁判と並行して、脱税行為の罰則である重加算税を不服とする裁判も闘ってきた。２０１０年６月に課された重加算税を一度支払ったうえで、目黒税務署長宛てに異議申し立てをおこなった。通常、異議申し立てに対する決定は２カ月程度で下されるが、国税局（目黒税務署）は４年間、黙殺した。八田氏が国税不服審判所に不服審判請求をおこなうと、「賦課《ふか》決定」として変更決定通知書なるものを送付してきたという。計算書に添えられた文言《もんごん》は「平成18年分所得税の平成22年４月30日の賦課決定により納付すべき加算税について、次のとおり変更決定します」というペラリとした一枚の紙のみだった。

八田　これは重加算税を取り消して、過少申告加算税として徴税し直すという通知ですね。将棋でいえば、こちらが「間違えました」と言っても「待ったなし！」としておきながら、自分が間違えた場合には、駒を戻してしゃあしゃあとしているようなものです。

「こいつだけは脱税で刑事罰を喰らわしてやる」を見事にはね返した八田隆氏

現物株およびストック・オプションのインセンティブ報酬という世界基準の報奨金制度を「給料だとしながら源泉徴収しない」と2004年に決めつけた日本の税制は、このまま変わらない。

この5年間の苦痛の後で、計算書だけを送りつけてきて、自分の非に対する何らの説明もなく、「ペナルティを払え」という役所の感覚には驚かされますよ。私の捜査・公判には数億円という税金が費やされています。経済事件でありながら、役所の面子《メンツ》のために税金が無駄使いされたわけです。これから、国賠審で、捜査当局の不正義を裁判所の正義が果して裁くか。国賠で国に不利益な判決を出すと裁判官の出世がおぼつかないと、元判事の瀬木比呂志《せぎひろし》氏が著書『絶望の裁判所』（講談社現代新書）で指摘していますから。それが現実なのかどうかを国民が知る、いいケース・スタディだと思います。先日出版した私の著書『勝率ゼロへの挑戦〜史上初の無罪はいかにして生まれたか〜』を一人でも多くの人に読んでもらって、問題意識をシェアして欲しいと思います。

副島　これからもぜひ闘い続けてください。

八田　はい。副島先生には、私の陰のシンクタンクとして、これからもアドバイスをよろしくお願いいたします。

第六章

「税金官僚　税理士
生保　信託銀行　マネー雑誌
みんなグルだ！」

敏腕税理士3人の座談会　税金官僚の騙しの手口を明かす

税理士は国税庁のスパイだ。だが、税理士のなかにも、ごく少数だが税金裁判を闘える、法律がわかる税理士がいる。彼らから税金官僚の手の内とか彼らとの闘い方を聞いておくと為《ため》になる。税金官僚たちが「国は福祉のために金がかかる」を理由にして無理やり税金を集めている。そのためにますます日本は衰退しどんどんヒドい国になっている。彼ら〝税金村の住人たち〟がどんな手口を使うのかを以下で聞き出した。

税理士A　副島先生のように、とことん、税務署と徹底的に闘うなら効果があります。

税理士B　税務署員だって人の子だし。はっきりいって、税務署前で演説されたり、担当官の写真を撮られて、インターネットで素顔をさらされたら、いい気はしません。

税理士A　ただ、素人さんが中途半端にケンカすると、最悪の事態を招きます。だから、ちゃんと闘える税理士を見つけてほしい。副島先生はすぐに税理士はみんな国税庁のスパイだ、と言いますが。

所得税基本通達前文における「弾力的運用」の意味

税理士A　まず、私は税務調査にやってくる調査官が全く話が通用しないと思ったことは、一度もありません。逆に、よく話を聞いてくれるなあと思うことがほとんどです。それは実は国税庁長官名で、税務署職員に対して「柔軟に対応しろ」という命令が出ているからなのです。案外、このことは知られていません。所得税《しょとくぜい》基《き》本《ほん》通達《つうたつ》の前文にこのことがハッキリ書いてある。この部分が極めて重要なのです。

税理士B　この基本通達の前文の存在を知らない人は税理士にもかなりいるんですよね。

所得税基本通達の制定について

……なるべく画一的な基準を設けることを避け、個々の事案に妥当する弾力的運用を期することとした。従って、この通達の具体的な適用に当たっては、法令の規定の趣旨、制度の背景のみならず条理、社会通念をも勘案しつつ、個々の具体的事案に妥当する処理を図るよう努められたい。

（1970年、国税庁長官通達。傍点、引用者）

税理士A　ここにハッキリと書いてあるとおり、税法の適用においては個々の事案に応じて弾力的に運用しろ、ということを強調しています。この通達は国税庁長官の命令ですから全税務署員が従わなくてはいけない。このことをよく分かっているかどうかが、私たち〝プロ〟の税理士と、〝アマチュア〟税理士とでは能力が分かれるところです。

税理士C　法律は誰に対しても公平に適用することになっている。しかし公平、公平といっても、同じものを同じように扱う公平もあれば、違うものはその違いに応じて取り扱う公平もある。たとえば同じ飲み食いでも、サラリーマンが仕事後に仲間と飲み食いするのと、副島先生のような作家が、仕事で飲み食いするのは、同じ領収書でも扱《あつか》いが違ってくるのです。

税理士A　同じ店の同じ金額の領収書であっても、経費として認められるものと、認められないものが出てきます。これは前提となる事情が大きく異なってくるからです。

税理士B　このことを我々は「事案《じあん》の特殊性《とくしゅせい》」といいます。〝税金村〟の用語ですが（笑）。

これが1年間の日本国の税収だ

平成26年度当初予算

所得税 （個人の所得に対してかかる税）	14兆7900億円	15.4%
消費税	15兆3390億円	16.0%
法人税 （会社などの所得に対してかかる税）	10兆180億円	10.4%
揮発油税	2兆5450億円	2.7%
酒税	1兆3410億円	1.4%
相続税	1兆5450億円	1.6%
たばこ税	9220億円	1.0%
その他の税	2兆4450億円	2.5%
印紙収入	1兆560億円	1.1%
合計	50兆10億円	

日本の税収は“真水《まみず》”でこれだけしかない。消費税は10パーセントになる。相続税、所得税は最高税率が55パーセントに上がる。財務省・国税庁は何としてももっと税金を取り立てるようになる。

税務調査官は、その事案の特殊性を調べに来るわけです。だから「普通はダメですよね」とか「社会通念上ダメですよね」なんて言われても、〝プロ〟の税理士なら、「普通はそうです。でもね、前提として、こういった特殊事情があるから、この人はＯＫでしょう」と言えば税務署側に通じる。これが、前に掲げた「所得税基本通達の前文」の意味なんです。

税理士Ａ　中途半端に、ケンカ腰でただ怒りをぶつけると事態は悪化する。納税者の事案の特殊性を粘り強く相手に主張して、次々と資料を出して説明していくことが必要なのです。

消費税の本質。消費税増税で何が変わるのか

税理士Ａ　たとえば消費税は、理屈のうえでは、消費税を負担するのは消費者であって、事業者ではない。企業から見たら、損も得もしてないはずなのです。企業は消費税に対してはニュートラルな立場です。しかしこれは教科書的な建前です。

税理士B でも、経費に関して、企業がすべて消費税として差し引けるか、ということこれがなかなかできないんですよね。

税理士C 一番大きいのが給料でしょう。**給料には消費税がかからないようになっています。**たとえば企業の決算で、売り上げ100、経費100なら利益はゼロです。だから法人税の支払いもゼロ。ただ、100の経費のうち半分が人件費（給料）だとしたら、消費税は半分相当しか引く対象にならない。

税理士B つまりそうなると利益は出ていないけれど、消費税は納めなくてはいけないことになるわけですね。

税理士A その結果どうなるか、といえば雇用形態が変わってくるのです。人を使うときに、消費税がかかる使い方と、かからない使い方がある。雇用契約を結んで給料を払う場合は、消費税はかからない。しかし、雇用契約ではなくて、業務委託契約、つまり外注《がいちゅう》扱いにすれば、消費税を計上できる。つまりみんな一人事業主（個人事業主）になってもらって、業務委託契約を結ぶ形になっていくんです。

税理士C 正規の従業員だった人を、どんどん業務委託契約に変えざるを得なくなるでしょう。契約社員ですらなくなっていく。いつでも契約を切ることができるし、消費税分が得になるし、源泉徴収も少なくて済む。社会保険の雇用主負担もなくなる。企業にとっては悪いことなし。そういう方向に世の中がならざるをえない。

税理士A 中小企業が生き残るために、これまであった雇用という形を維持できなくなる。消費税の増税で、末端で働く人は、使う側も使われる側も、厳しさを増していくんです。

消費税増税を利用した企業潰し

税理士C ところがいま、逆に税務署がキャンペーンとしてやっているのは、「消費税逃れの動きに対する追徴課税」です。契約書が雇用契約から業務委託契約に切り替わっただけで、消費税を納めなくてそれで済むわけが無い。税務署は、「実質的には雇用関係ですよね」という。税務署は消費税を差し引くこと（これを「仕入れ契約控除」という）を認めず、追徴課税をする。しかも巨額の追徴課税となることが、いまあちこちの税務署でおこなわれています。

税理士A　最近では家庭教師派遣業が狙われましたね。大学生たちに家庭教師をやらせて時給1500円～2千円を払う。これが給料なのか、外注費なのかが裁判で争われて、結論は給料となりました。判断のポイントは、「時間的空間的拘束があるか」、「金銭的リスクを負っているか」、「会社の指揮命令系統に属しているか」でした。これを総合的に判断すると、この事業者の場合、家庭教師派遣センターから、「○曜日の○時から○時までやってください」、「報告書を出してください」、「交通費別途支給、教材も基本的に支給」と、会社が丸抱えだから雇用契約になるんだ。そのように裁判所が認定した。

税理士B　それからマッサージ店のあの「てもみん」のケースもある。もみ屋さん、マッサージ師も結論は給料ということになりました。結局、事業者は後から何年分もの消費税を追徴課税されることになった。当然、まとめて払えないから滞納することになる。そして国税当局は、消費税の滞納には圧倒的に厳しく対応します。つまり、ここを狙っているのです。「消費税は消費者からの預《あず》り金的性質を持つ。人から預かった（国に納めるべき）ものを懐に入れるなんてけしからん」という理屈です。

税理士A　消費税を納めなければ、国家のカネを泥棒したことになる。まさにこれは横領罪の考え方です。ただし、かつて国税当局は、消費税を「預《あずか》り金だ」とハッキリ言っていた。いかりや長介さんが「消費税をちゃんと納めようぜ」という宣伝ポスターに出ていた時期がありました。そのポスターの脇には「消費税は預り金です」と書いてありました。ところがいまは預り金ではなくて「預り金的性質」の税金だ、と訂正した。つまり国税当局も、消費税には預り金だけではない面があることを認めているのです。

令状なしに捜索・押収できる日本最強の権力

税理士B　これから先、税金の滞納が、消費税に関して爆発的に増えるでしょうね。国税徴収法にのっとって徴収官が厳しく取り立てるでしょう。この税金の取り立てが、あらゆる国家権力のなかで最強の権力を持ってしまっている。滞納処分だ、といって、財産の捜索、押収には裁判所が出す「令状」がいらないのですから。**令状なしに捜索、押収できるのは、あらゆる国家権力のなかで、国税局の徴収官だけです。**

税理士C　大変恐ろしい権力ですよ。警察官も、実質的にはフリーパスという見方もあるが、警察官の場合は、あくまで捜査令状（裁判官が出す）がいるし、刑事訴訟法の規定もあるし、人権に配慮しないといけないという条文がある。

税理士B　国税徴収には、その手続き自体がいらないからね。令状発付の必要性がないわけだ。

税理士A　さらに、国税徴収法には、「誠意を見せろ」という条文まである。日本の法律で「誠意を見せろ」と書いてある条文は、ほかにないでしょう（笑）。ハッキリ言って、まともな社会人が使う言葉ではないですから。

国税徴収法　第六章　滞納処分に関する猶予及び停止等
換価の猶予の要件等
第百五十一条（略）その者が納税について誠実な意思を有すると認められるときは、その納付すべき国税につき滞納処分による財産の換価を猶予することができる。
（傍点、引用者）

税理士A　国税を滞納すれば督促状《とくそくじょう》が来る。それでも払わないと資産を差し押さえられ、競売《けいばい》にかけられ、売却代金を納税に充当して税金を回収する。これを国家権力で無理やりにやるわけです。ただし、この「誠実な意思を有すると認められるとき」は、そのプロセスをそれ以上は進めない。誠意があれば、差し押さえをしないとか、競売にまではかけない、とか。この「手続き（プロセス）を進めない」というのが「換価《かんか》の猶予《ゆうよ》」ですね。

税理士B　しかもこの「誠実な意思」があるかどうかを、税務署の署長が判断するわけですよ。いろいろ事情があって、困窮している客観的状況を税務署に見せたうえで、誠意も見せろと。

税理士C　ですから、消費税がアップしたことで払えずに滞納に追い込まれたら、徴収官から、「全面的に白旗を揚げて、俺の言うことを聞け。出すものは出して、見せる資料は見せろ。丸裸になって俺の言うことを聞け。嫌《いや》？　誠実な意思がないなあ。ならば差し押さえる」となってしまう。こんな目に遭うくらいなら予《あらかじ》め明確な基準が定めてあるほうが残酷でない。笑いごとではなくて、こういう条文が存在する、ということが、税務署側の前提になるわけです。

税務署の徴収部門はだれもが嫌がる部署

税理士B　こうなると当然、税務署の徴収部門には、成績のいい人が行くか、悪い人が行くかは明らかですよね（笑）。

税理士A　納税者の首吊りを見てそれを上司に報告したら「お前もこれで一人前だ」と言われた。そういう部門なんです。

税理士C　ただ、ここで申し上げたいのは、滞納額がかさんでも、首を吊るほどではないということです。租税《そぜい》債権の消滅時効は5年です。全く払えない、逆さ吊りにされても何も出てこないという人は、恐れる必要はないのです。

税理士A　会社の破産法上の免責にはならなくても、租税法上の免責がありますからね。

税理士B　執行停止ですね。本当に金《かね》が無い、ということを客観的に示す資料を出せば執行停止に持ち込める。もちろん税務署の強大な権限で、財産調査はされます。それでも、払うものがなければ、税務署にとっては、統計上の滞納額が減らない。だから困るわけです。そういうときのために、執行停止がある。そして、執行停止から3年たったら、すべてチャラになります。執行停止の中止書が来ますが、そこには「以後、督促はしない」と書かれている。

税理士A 「以後、万が一お金《かね》が入ったら、払ってね」とも書いてありますけど(笑)。

生活保護よりはましな生活で執行停止ができますよ。

税理士C 個人だとちょっとハードルが高いですけど。法人なら「払う金《かね》が無い」と客観的資料を示せば100パーセント執行停止ですよ。

税理士A だから、法人の滞納で社長が首を吊るほどばかげたことは無いですよ。クビを吊る前にできることがあることを知っておいてほしいです。

税理士B これは脱税でも同じです。所得を故意に隠して脱税していたけど、もう隠した資金を全部使ってしまったという場合、裁判では、法人税法違反で執行猶予つきの有罪判決です。本税に重加算税、延滞税が加算されて、たとえば1億円隠したとしたら1

億円くらい追徴課税されます。でも、あくまで法人税法違反なのであって、刑務所に入る必要はない。払うお金が無ければ執行停止になります。

税理士A 「法人を解散しろ」と言われますけどね。法人の解散が執行停止の条件です。滞納問題に関しては、払うお金が無いことを示す資料を積極的に出すこと。これが誠意の中身だったりするのです。胸を張って、「本当に金《かね》が無いんだ」と堂々と示せばいいのです。

税理士、公認会計士、弁護士の質の低下

税理士B ところで税理士、公認会計士、弁護士の業界は、30年前とくらべて社会的地位がずいぶん低下しましたね。

税理士C 難しい試験を通ったエラい先生、なんていまは言われなくなった（笑）。

税理士B 試験は簡単になったし、制度が変わって人数が大幅に増えて、食えない職業になっていることが世間にバレてしまってます。

税理士A　かつては、バッジをつければ小金持ちにはなれたんですけどね。いまは食えないから、**弁護士はどんどんワルが増え、税理士はアホが増えている**。

税理士C　質が落ちている面もありますが、税制、税法がどんどん複雑になって、とても追いつけない。税理士業界は、平均年齢が60歳を超えるんです。こんなおじいちゃん、おばあちゃんでは、税制改正で難しい理屈がどんどん出てくるからついていけない。

税理士B　その意味では、税務署員の高卒・大卒問題も自然解決に向かっていますね。最近は大卒の職員がどんどん増えている。高卒で税務署員になる人は新規ではなかなかいない。昔は、ほとんどが高卒で入って叩き上げて税務署長にまでなった。彼らがそろそろ定年退職を迎えますから。国税庁も他の役所を追いかけて大卒割合が増えてきている。

どんどん「顔《カオ》なし」になる税務署員

税理士A　いまは現場の税務署員たちの裁量《さいりょう》の枠がどんどん狭まっている。書いてあるルールでガチガチにすると同時に、**国税局本部の審査が必要**になっています。

税理士C 銀行員と同じですよ。中小企業の経営者ならわかると思いますが、かつては銀行の担当者との個人的信頼関係で「社長さん、あなたなら信用できるから貸しますよ」ということが成り立っていた。それがいまは、「本部審査でコンピューターにかけて得点計算して、○点以上だったら貸せるんですけど」となってしまっている。

税理士A そうですね。これを税務署でもやろうとしているんです。国税通則法《つうそく》が改正されて、税務調査のやり方がこれまでと大きく変わっている。税務署の審理部門に、原則としてすべての事案を回さなくてはいけなくなっている。審理に回してチェックを受けなければOKもNG《エヌジー》も出せない。「弾力的に対応せよ」の部分が、良くも悪くも崩壊しつつある。杓子定規になってきている。これは税理士にとって厳しい状況です。

税理士C 銀行員が、自分の頭で考えなくなってきたように、税務署員もそうなっていく。これは恐ろしい社会ですよ。社会全体がロボット化している。いまから3年後には、税務署の徴収官、調査官ともに、ぜんぜん話が通じない時代がやってくるかもしれない。社会全体が杓子定規な「顔《カオ》なし」化が急速に進んでしまっている。

特に税理士は国家の奴隷

税理士A　重要なことなのですが、弁護士と公認会計士は、「有償独占《ゆうしょう》」なんです。税務の相談業務をお金を取ってやってはいけない。無料だったらやっていい。それに対して税理士は「無償独占」です。つまり税金についての相談業務を、無料でも、やってはいけない。これは表面上は税理士職域が強く守られているように見えます。が、逆にお上《かみ》、つまり財務省＝国税庁による支配が強いということなのです。つまり弁護士や公認会計士と違って「あなたたちは自主独立でやれる立場じゃないんだよ」ということなのです。国税庁が税金徴収を円滑に進めるための補助要員なのです。独立して顧客のために交渉できる職業ではない、と。

税理士C　少なくとも弁護士は法務省の支配下にはありません。ところが税理士は財務省の支配下にあるのです。税務署には税理士監理官がいて、首根っこをつかまれている。さらに、何と毎年1回、顧客名簿と従業員名簿を提出する必要がある。こんなこと、他の業種ではありえないことです。

根本的な反抗には、ささいな額でも厳罰を処す

税理士A　法律上は、税金徴収のやり方の合法性で微妙な案件がある。たとえば納税額を少なくするためのテクニックが確かにある。それを税理士たちが公然とやり始めることを認めると、国税局の仕事が膨大に増える。もしこの微妙な領域に手を突っ込む税理士は、否応なく厳罰に処されます。

税理士C　２０１２年２月の案件は、まさにその象徴でしたね。その新聞記事をお見せしましょう。

「架空副業でサラリーマンの脱税指南、経営コンサルを逮捕　東京地検特捜部」
２０１２年２月15日　産経新聞

顧客のサラリーマンに副業をしているように装わせ、所得税の不正還付を受けさせたとして、東京地検特捜部は15日、所得税法違反の疑いで、東京都新宿区の経営

コンサルタント会社「グローバルワークス」社長の本多弘樹容疑者（34）を逮捕した。

逮捕容疑は、所得税が源泉徴収されているサラリーマンでも、副業で赤字が出れば所得税が還付される仕組みを悪用。顧客のサラリーマン数十人と共謀し、平成22年7月から24年4月、架空の副業で赤字が出たとする所得税確定申告書を税務署に提出。17年分〜23年分の所得税計約2500万円を脱税したとされる。本多容疑者は脱税指南の見返りに報酬を受け取っていたという。

税理士B サラリーマンも給料天引き（源泉徴収）された税金を取り戻したい。サラリーマンが副業をして、事業所得が生じ、それで赤字が出たなら、税法上は還付を受けることができる。これはまったく問題が無い。けれども、これを公然と認めてサラリーマン層がみなやり始めたら税務署が困ってしまう。

税理士C 税金徴収の問題だけではなくて、税務署の業務がパンクしますからね。これは許せないというわけでしょう。

税理士B この事件の逮捕容疑を見てください。サラリーマン数十人を合わせてたったの2500万円の脱税ですよ。1人70万～80万円です。その見返りにこの経営コンサルタントは報酬を受け取ったとしても合計で100万円ももらっていない。小さな額です。それなのに脱税（所得税法違反）として逮捕された。

税理士A しかも東京地検特捜部《とくそうぶ》までが出張ってきての逮捕ですからね。これは国税（所得税）制度の根幹に触れる、と国税庁が考えたのでしょう。システムの根幹に関わる部分に手を出すと痛い目を見るよという事例です。

税理士B 本来なら、この程度は任意の調査をして「ごめんなさい」と謝らせて、何十万円かを返させて終わりの事案ですけどね。ところが、執行猶予はついたものの懲役1年8カ月、罰金600万円の有罪判決です。このコンサルタントも、まさかこんなオオゴトになるとは思ってなかったでしょうね。

税理士C もう一つ、消費税の根幹に関わる事案がありましたね。それがこの記事です。

「第一工産脱税　社長らに実刑　実態ない会社設立、消費税支払い免れ―地裁」

2006年6月7日　毎日新聞

営業実態のない会社を次々に設立し、3億円以上の消費税などの支払いを免れたとして消費税法違反などの罪に問われた、諏訪市の人材派遣会社「第一工産」と同市上諏訪、同社社長、谷内昇二（51）、同市豊田、元税理士、金子彰（59）両被告の判決公判が6日、長野地裁であった。土屋靖之裁判官は、「消費税の適正納付に対する消費者の信頼を損ね、制度を揺るがしかねない重大な犯行」として、谷内被告に懲役2年（求刑2年6月）、金子被告に懲役1年（同1年6月）の実刑判決を言い渡した。また、法人としての会社には7500万円（同9千万円）の罰金を科した。

両被告の弁護人は「確定的な違法性の認識がなかった」と主張していたが、土屋裁判長は「計画的で悪質な犯行」と認定した。

税理士A　以前の消費税法だと、資本金が1千万円未満の会社ならば、設立から2期目までは消費税免除だった。それで2期ごとに会社を作り直して、業務を移していけば永遠に消費税を払わなくていい。

税理士B　これは、誰でも思いつきますよ。でも、実際にやったらどうなるか。想像がつきますよね。

税理士C　消費税の根幹に関わることですから。理屈からいえば完全な架空ではないし、消費税の脱法（違法ではない）の策としてはアリだと思うが、実際にやったらエライことになるというのは、皮膚感覚でわかります。案の定、逮捕されたうえ、税理士もまとめて実刑判決。刑務所行きです。有罪まではないだろうと思っていた。ところが有罪どころか実刑判決ですからね。

税理士B　この2つの事例から言えることは、国税庁は事案に応じて弾力的な対応をすることもあるが、制度の根幹に関わることに対しては厳罰に処するということです。理屈でもなく、規模の大小でもなく、徹底的にやられる。税法が細かくなってきているうえに、税法上の隙間《すきま》を見つけて、節税しようとしても、厳罰が下る。これを感じ取る皮膚感覚が税理士には必要なんです。

もっとも効果的な資産防衛手段は、非居住者になること

税理士A 資産防衛のやり方として、日本の非居住者《ノンレジデント》（外国の居住者《レジデント》になる）になることが、根本的解決方法だと申し上げましょう。

税理士B それを指南した税理士が逮捕されることも、まだありませんね。いくら財務省＝国税庁でも、いまは、外国に居住して非居住者になることを止めることはできない。正面から止める法律を作れば憲法問題になってしまいます。国民の外国への居住あるいは移動の自由を奪ってしまいますから。出て行くなら出ていけ、というスタンスしか国《くに》は取れない。

税理士A でも、出て行った後が怖いんですよね。国税は虎視眈々《こしたんたん》とその人が外国から帰って来るのを狙っている。帰ってきた途端に一気に課税されますよ。これはよくあることです。

税理士C　「5年しばり」と言うんです。相続税でいえば、高齢者である自分（被相続人）と、娘・息子（相続人）の両方が5年以上、海外に居住すれば、財産を贈与しようが、相続しようが、日本での贈与税も、相続税もかけられない。

税理士B　この5年しばりに堪《た》えられない人がいっぱいいますね。外国は飯がまずい、とか、いい医者がいない、とか…。

税理士A　あるいはかわいがっている女性が日本にいるとか（笑）。特に女性のことがね。そこからやられるケースが多い。だから、私はお客さんに「帰って来《き》たくなる人が多いんですよ」と言う。海外逃避（日本脱出）を実行する人は少ないですよ。本気で外国に逃げるなら、それなりの気合いと根性が必要です。

税理士C　非居住者《ひきょじゅうしゃ》の定義は、所得税法上は「居住者以外の個人」と定義されています。では居住者とは何か。それは民法で、「生活の本拠《ほんきょ》があるところ。その本拠がどこにあるかは実態として判断する」と書いてある。これが税務上の考え方にも使われます。つまり住民票が日本になくても、実態としての生活の本拠が日本にあったら、「居住者」にされてしまう。仕事をどこでしているか、資産の所在場所、家族はどこに住んでいるか、諸事情を総合的に判断して決すると。

税理士A　例の武富士《たけふじ》事件（２０１１年2月18日。最高裁判決で武富士家族《かぞく》側の勝訴が確定。２千億円が還付された）の後にできたのが「5年しばり」ですね。このあと子供の方も5年以上海外に住まなければいけなくなった。租税回避（税金逃《のが》れ）の意図があっても、客観的に見て、生活の本拠が海外にあるのならば、相続税等の支払いを免除されます。

安倍政権が狙う雇用と企業自体の流動化

税理士B　安倍政権が雇用の流動化（クビ切りの容易化。転職の促進）とともに考えているのは、法人の廃業と起業率を高める、企業自体の流動化です。２０１３年6月に発表された「日本再興戦略」の「6番目」にそれが書いてある。全国に４２０万中小企業があります。法人が３００万、個人事業主が１２０万です。これを「開業率が廃業率を上回る状態にし、米国レベルにしたい」と書いてある。

税制改正による税率の変化

日本

	現行	2015年～
所得税（上限）	50% 内訳 国40 地方10	55% 国45 地方10
相続税	50%	55% 基礎控除 5千万円→ 3千万円に

法人税	38%	29% 安倍首相が 希望

アメリカ

	現行	2014年～
所得税（上限）	32%	28% オバマ 大統領 が希望
相続税	55% ただし 500万ドル ＝5億円の 基礎控除 がある	55%

法人税	35% カリフォル ニア州は 38%	25% オバマ 大統領 が希望

これらの数字は実はあまり意味がない。実際は相続課税のときに、金融資産（現金、預金、株、金《きん》など）は、全てごっそり国《くに》が持ってゆく。コンピュータの「名寄《よ》せ」で国税庁が細かく把握していく。処分しにくい家と土地だけを残してくれる。だから金融資産を外国に持ち出す人が多い。ここでは法人税率の細かい問題や、キャピタル・ゲイン課税との区別等には触れない。

税理士C　いま現在は、日本は内閣府の統計表で見ると、1年間に開業率も廃業率も5パーセントです。

税理士B　そう。これを10パーセントにするということは、開業率はどれぐらいかわからないけど、廃業率をいまの2倍にする。つまり、いまの倍の割合で中小企業を潰していく方針だということです。

税理士C　2013年の3月31日で、中小企業向けの銀行融資の支援策であった「金融円滑化法《えんかつか》」がついに延長打ち止《ど》めになりました。2009年からの金融緩和のジャブジャブ・マネーで中小企業にも貸し出して、回収不能になっていたものについて、民主党政権で亀井静香金融担当大臣が、何とか延命させていたものです。それが、2013年3月で打ち止めになった。当時、中小企業がバタバタ潰れるといわれたんですけどね。でも、現在まで何も起こっていない。なぜかといえば、実質的にはまだ金融円滑化法が続いているからですよ。このことは内閣府の「貸付け条件の変更等の状況について」という資料を見てもわかります。これは「3年で返せ、というものを10年まで待ってあげる」、という融資条件に申し込みをしたものが490万件あって、そのうち認められたものが460万件。

税理士B　94パーセントの実行率ということは、どうしても救いようのないもの以外は基本スルーでOKということですね。

税理士A　そうです。同じ企業が平均で3回申請しているので、460万件のうち実態は9分の1で、約50万社が申し込んだといわれています。つまり、潰れてもおかしくない企業がいまも延命している状態です。廃業率を米国並みに10パーセントにまでするということは、国の方針として、いよいよここに手をつける、ということです。

税理士C　その引き金となるのが、8パーセントへの消費税増税ですね。さらに2015年10月からの10パーセントへの再増税です。滞納があれば、潰すべきところは潰す。日本再興戦略では「新陳代謝」という言葉が使われています。雇用も企業も流動化させて、より不安定化させていく。中小企業の家族主義的経営は、もはや日本ではできないということです。

税理士B　企業が流動化すれば、雇用されている方も正社員としてがんばっても仕方がない、という無力感を感じますね。10年間下積みでがんばって「将来はいい給料をもらえる」と期待するよりも、「いま働いた分をしっかり給料でください」となりますよ。つまり企業の正社員も、中年層と若年層で分断されていく。若年層は企業への忠誠心をなくしている。

財務省の御用学者のキャンペーン

税理士A 財務省は露骨ですよね。OBを使ってキャンペーンをやらせて、世論操作している。

税理士B 民主党政権（野田政権）が消費税増税を決めたときは、「低所得者対策には、給付付き税額控除（現金を配ること）をやれ」とずっと言っていた。でも本当の狙いはマイナンバー制度だった。

税理士A そうですね。低所得者対策として給付付き税額控除をする。そのためには所得を把握しないといけない。だから国民ひとりひとりにマイナンバー制度（国民総背番号制度のこと）を導入しろ、とね。

税理士C 財務省OBの大学教授の奴なんかは「消費税の軽減税率なんてとんでもない。事務処理が面倒くさいことになるし、軽減税率の対象をめぐる業界団体のロビー活動が生じて、天下りの温床になる」などと主張していましたから。

税理士A 財務省にとっては、マイナンバー制度の導入が悲願だったということですよ。

税理士B そうですよ。だからマイナンバー法が通って、消費税もアップできた。すると、とたんに飴玉《あめだま》だったはずの給付付き税額控除なんて誰も主張しなくなって、軽減税率をどうするかという話になっている。

税理士C 実際、マイナンバー制度では、舌の根も乾《かわ》かないうちに、「預金口座にもひも をつけることを検討すべきだ」という議論になっている。マイナンバー法が議論されているときは、「預金口座にはひもはつけない」とある御用学者は言っていたんですよ。これが彼ら＝財務省のやり口です。法律を通してしまえば、あとは何とでもする。

「預金口座への番号付番《ふばん》を早急に検討すべき
DGの神野《じんの》直彦《なおひこ》座長、具体的制度設計についての検討を関係省庁に要請」

T&A master No.542 2014年4月14日

（要約） 政府税調DG（ディスカッション・グループ）、預金口座への番号の付《ふ》番《ばん》について、具体的制度設計の検討などを関係省庁に要請。

税理士B このように消費税についても、ひも付き（全ての取引に付番《ふばん》）にしようというのが、次のインボイス方式の導入ですよ。〝コツコツ脱税〟というのが世の中にたくさんあるんです。たとえば、飲食店で毎日5千円ずつ売り上げをごまかす。そうやって年間100万～200万円のごまかしを数十年やって3千万～5千万円というふうに。そういうところに税務署が入っても取れないのです。取る側にも理屈がいる。たとえば30年間コツコツ脱税すれば、最近の7年分については税金を取れるけど、時効になった残りの23年分は取れない。だから国税庁にとって、現金取引がいちばん嫌《いや》なんです。それをやめさせようというのが「インボイス」方式です。

税理士C 財務省の理想は韓国ですよ。韓国ではマイナンバー制が充実している。インボイス（伝票）もしっかりしていて、1つ1つの決済が、全部国税当局に筒抜けになっている。1万円とか数千円の取引でも、全部わかる状況らしい。財務当局の管理上、これほど理想的なものはありません。

相続時精算《せいさん》課税などというワルの制度

税理士B 先ほど、「弁護士にはワルが増えて、税理士はアホが増えている」という話が出ましたが、税理士には顧客をだましている自覚は無いんですよ。たとえば、相続時の遺言状《いごんじょう》（遺言書《ゆいごんしょ》とも一般では言う）を見れば、弁護士がアドバイスしたものか、税理士がアドバイスしたものかわかるのです。特定の子供一人に全財産を相続させる、なんて遺言書を作らせるのはだいたい弁護士ですよ。そうすると相続争いが起きる。相続争いが起きれば、弁護士はまた金《かね》が稼げる。それに対して税理士は、遺産相続で揉《も》めても少しも儲からない。だから、「お気持ちはわかります。他の子供にだって8分の1貰える権利（遺留分《いりゅうぶん》）があるんですよ。争いごとを見たくないでしょ」と言いますよ。

税理士C　私がいちばん憂慮しているのは、意図的にしろ、能力不足にしろ、弁護士と税理士の両方からヒドい目に遭っている、と言う人が非常に多いんです。顧客をハメてやる、という自覚があるならまだいいけど、依頼者のためにがんばったけど、結果的に意図したものと違った、というのがいちばん切《せつ》ないことです。

税理士B　たとえば「相続時精算《せいさん》課税」を勧《すす》める税理士とか、信じられないですよね。

「相続時精算課税」という制度は絶対に利用してはいけない。例の孫の教育資金が1500万円まで非課税になります、というヤツです。この制度をマネー雑誌でも宣伝している。国税庁のHP《ホームページ》でもメリットばかりをやたらと強調している。信託銀行も一生懸命に営業している。これがいま、すでに4千億円以上、計上されている。

税理士A　信託銀行だけじゃなく、生命保険会社まで、このダマシの相続ビジネスに乗っかってきていますね。

税理士B　いわゆる「名義預金」が問題になっていますよね。

税理士A　なっていますね。これで泣く老人が増えている。

税理士C　贈与税には基礎控除があって、毎年110万円までは子供、孫に贈与しても控除される。つまり毎年110万ずつ、コツコツと現金で贈与すれば、贈与税を1円も払わずに財産を渡せる。自分の資産も減るから、相続時にかかる税金も減らせるのです。これが「暦年贈与《れきねんぞうよ》」というものです。

税理士A　よくおこなわれているのは、毎年120万円ずつ贈与する。10万円飛び出た分の税金（贈与税）1万円だけを払うのです。マネー雑誌などでは、「贈与の証拠になる」と宣伝している。

税理士B　でも、結論からいえば、これだけでは贈与の証拠にはなりませんね。たとえば、毎年1200万円ずつ、子供・孫5人に計6000万円贈与する。20年間で1億2千万円贈与して、コロッと死んだとします。税務調査が来て言われるのが、「この1億2千万円は被相続人《ひそうぞくにん》（死んだ人）の財産です。相続税の対象になります」と。これが「名義預金《めいぎよきん》問題」というヤツです。毎年コツコツ20年やってきたことを税務署が認めてくれない。

税理士C　「（非課税）贈与が成立していない」ということですね。贈与とは、「あげる」という意思と、「もらった。ありがとう」という意思が合致する契約です。贈与契約が成立していないといけない。つまりもらった側の孫に、もらったという意思が無ければ、契約は成立していない、とみなされてしまうわけですね。贈与契約書があって、贈与税の申告書があっても税務署は認めない。さらに、もうひとつ、その財産の管理支配が本当に孫に移転しているか、が問われるからです。

税理士B　そう。一番ダメなケースは、おじいちゃんの貸金庫のなかに、子どもや孫の印鑑や通帳が入ったままでおじいちゃんが死亡するケースです。これはアウトです。管理支配がお孫さんたちに移転していないから。多額な相続税を取られます。ここまでチマチマやっていて、税理士がついていないなんてことはありえない。その税理士が悪いわけです。暦年贈与をやるなら、支配管理が移転している客観的根拠をきちんと示さないといけないのです。

税務署がもっとも嫌がるのが暦年贈与

税理士A　毎年、コツコツと110万円ずつ贈与されたら、税務署はその分の税金が取れない。取れても年に1万円だ。国税＝財務省はやらせたくないのです。だから難癖《なんくせ》をつける。名義預金問題は大変厳しくて、相続時に怖い思いをするぞ、と盛んにアナウンスしている。

税理士C　だから、それに対して相続時精算課税を推し進めるのは、生保、信託銀行などの業者と財務省と利害が一致するからです。顧客を囲い込みたい信託銀行・生保と、情報を囲い込みたい国税当局の共同作戦です。

税理士A　資産家たちにとって、しっかりやればきわめて有効な相続税対策である暦年贈与はやらせないようにする。その代わりにたいして良くもない相続時精算《せいさん》課税を宣伝するのです。これがワナなのです。息子、娘が30歳になるまでずっと、領収書とか、何に使ったか、信託銀行なり、生保に資料が保管されなければならないのです。こんな悪制度に騙《だま》されてはいけない。

税理士C　税金の話は、毎年、毎年、その都度その都度決済するのがよいのです。将来に渡って、何年もかけてやる税制なんてのは絶対につきあってはいけません。

税理士A　そもそも、相続時精算課税という名前を見て、不穏な空気を感じないなら、平和ボケしていますよ。

一度、相続時精算課税をやれば、暦年贈与はできなくなる

税理士B　いったん相続時精算課税に手を出すと、暦年贈与は金輪際《こんりんざい》できなくなりますからね。この点も要注意です。

税理士A　もう一つ、「特別受益《とくべつじゅえき》」で争いになるケースが出ています。特別受益というのは、一部の相続人にだけ生前贈与がおこなわれていた場合、遺産相続のとき、生前にもらった分は取り分が減るというルールです。

税理士B　いまでも遺産相続のときにものすごく問題になりますよね。「お姉ちゃんは結婚の持参金をもらったでしょ」とか「お兄ちゃんは家を建ててもらったじゃん」とか。今までは、証拠が出て来なかったから、うやむやになっていた部分です。これがはっきりとした金額となって表に出る。

税理士C　相続時精算課税をやっていたら、「住宅建設費用で2500万円もらった」

とか記録がはっきりと残るわけです。しかも、被相続人（死ぬ方の人）が、110歳になるまでの年数、つまり65歳で贈与がおこなわれたら、そこから45年間も税務署に記録保管されることになります。さらに、共同相続人の1人は、いつでも、どういう申告がおこなわれたかの開示《かいじ》請求ができる。

税理士B　だから、私は「相続時精算《せいさん》課税は、特別受益の動かぬ証拠を残すことになる。つまり争いの種を仕込むことになりますよ。だからやめなさい」と客にアドバイスしています。弁護士にとってはおいしいかもしれませんけど。税理士にとっては全くおいしくないんです。

孫の入学金や授業料は直接振り込めばいい

税理士C　相続時精算課税なんかやらなくても、もっと直接的な方法でいいんです。国税庁のHP（平成25年12月）に、「扶養義務者（父母や祖父母）から『生活費』又は『教育費』の贈与を受けた場合の贈与税に関するQ&A」というのが載っています。

「生活費又は教育費の全般に関するQ＆A」

［Q］扶養義務者（父母や祖父母）から生活費又は教育費の贈与を受けましたが、贈与税の課税対象となりますか。

［A］扶養義務者相互間において生活費又は教育費に充てるために贈与を受けた財産のうち「通常必要と認められるもの」については、贈与税の課税対象となりません。

（注）（1．2略）

３「教育費」とは、被扶養者（子や孫）の教育上通常必要と認められる学資、教材費、文具費等をいい、義務教育費に限られません。

税理士B　ここに書かれているのは、子供や孫が学校に入ったら、入学金と1年分の授業料を振り込んであげれば、贈与税がかからないということです。これを実行する場合の理想的なやり方は、自分の口座から直接学校の口座に振り込んで、その振込票を手元に持っておけばいい。これで贈与税はかかりません。

税理士A　孫の入学金と授業料を支払って、「この分の贈与税を払え」なんて税務署から言われるのを私は見たことがありませんから。

税理士C　前の3の「教育費とは」にあるように、おじいちゃんが孫の教育費を払ったとき、子供（孫の親）の資産状況は関係ないんです。それに対し、おじいちゃんが自分の子供の賃貸マンションの家賃を払ってあげる、というケースは別です。子供が自分の財力で家賃を負担できるかどうか、が問題になってきます。その場合は贈与税を払わなければならないケースになります。

相続時精算課税をやる人は、騙される人

税理士A　だから相続時精算課税をやり出すと、絶対にいろんな会社から営業がかかってきます。たとえばインチキ訪問販売に一度引っかかった人は、何度も営業をかけられ

る。彼らは家の表札にしるしをつけるというのです。「この家は引っかかりやすいよ」という。見る人だけがわかるしるしだそうです。

税理士B 相続時精算課税を利用して税務署に資料を提出するような人は、節税をしたいというスケベ根性がありながら、頭が悪い人、ということを自分で宣伝しているようなものですからね。

税理士C 税理士もアホだが、業者（信託銀行、生保等）も信用してはいけない。それよりは一番素朴で、税務署が嫌がるやり方をやればいいんですよ。だから税金は毎年、毎年、決済するのがいい。こういう話はマネー雑誌には出ません。マネー雑誌に広告を出す銀行や証券会社にとって、これをやられたら商売になりませんから。

第七章

「潰す！　潰してやる！」

厚労省キャリア官僚の常軌を逸した年金債務の取り立てで破産
桜井敏夫・オーダー洋服サロン大手モミジ元社長

桜井敏夫（さくらい としお）
プロフィール

婦人服オーダー大手の「モミジ」社長。国税、年金事務所の取り立てにより、2013年1月、民事再生法の適用を申請。現在はオーダーとリフォームに特化した「Y.MOMIJI」を立ち上げ、事業を引き継いだ息子の手伝いをしている。

桜井　年金事務所《ねんきんじむしょ》の取り立てが急に厳しくなったのは、2012年の夏でした。相手は20代後半ぐらいのキャリア官僚だと思うのですが、そいつがやって来てからです。手術もできない医者が、無理やり手術するような、常軌を逸した取り立ての日々でした。役人の暴走は本当に怖いですよ。権限を振りかざしてきますから。

否応《いやおう》のない取り立ては、税務署だけでなく、厚生年金を徴収する年金事務所にも広がっている。一着のオーダーを受けてから、丁寧に、その人の身体の形にあった、世の中に2着とない洋服を作り上げる。創業から60年、先代から引き継ぎ、こつこつと作り上げたオーダーサロンは、20代後半のキャリア官僚によってあっさりと潰された。

桜井　年金事務所の差し押さえさえなければ、事業を続ける自信はありました。しかし、再建計画書を提出しても、「もう遅い。潰す方向で動いているから」と。彼らは私の会社を潰すことが目的であって、債権回収が目的ではなかった。とにかく嘘が多かった。

潰すにしても、もうちょっと納得のいく形で潰してほしかったですよ。とにかく理屈が通らないやり方で、相手を追い詰める。人間扱いをしてくれなかったのです。

副島　なぜ、年金事務所の取り立てが、いきなり厳しくなったのですか？

桜井　２０１２年の２月の残高で、前年よりも未払い金額が多い年金事務所は、改善が必要で、もしそれができないなら、財務省の国税局が代わりに回収するようになる、という話が出ていました。当時は、民主党政権の末期で、２０１２年の暮の総選挙で民主党が大敗しました。ちょっとした空白状態だったと思うのです。グリップが効かなくなった。そのときに、「回収率を上げないと財務省に権限を持っていかれる」と考えた厚生労働省の役人たちが暴走したのだと思います。

もともとのきっかけは、２００３年、メインバンクのりそな銀行が国有化され、債務が整理《せいり》回収《かいしゅう》機構《きこう》（ＲＣＣ《アールシーシー》）に移転したことにさかのぼる。

桜井　うちの親父のポリシーで、個人も法人も銀行は一行取引でした。それがいけなかった。全部ＲＣＣに債権を持っていかれて、清算のとき「会社を残しますか？　それとも不動産業者になりますか？」と言われて……。私は会社をどうしても残したかったから、不動産を売却して、債務の返済にあてました。そのとき、国税の滞納分の８千万円がまるまる残る形となったのです。再建のスタートは厳しかったですが、何とか10年でこの８千万円を返そうと思ったんです。そのとき、年金の債務は無かったのです。実際、この国税債権の元本８千万円は返し終わっていましたから。

支払いが遅れた年金に関しても、支払う意思は示していた。２０１２年の９月には50万円の小切手を持っていった。だが、武蔵野年金事務所は「こんなもの受け取れない」と受け取りを拒否した。その後も、誠意を見せようと少額ながら返済の話を持っていった。だが、年金事務所は、８月、９月、10月、11月と、「払う意思のない悪質な業者」という証拠を作るために、決して受け取ろうとしなかった。

「潰してやる！」と怒鳴るキャリア官僚

桜井 差し押さえる条件があるみたいなんです。「何カ月間か納付がまったくない。悪質である」という条件が。私は何度も返済しに行ったのに、「全く納付がない」ことになっていた。とにかく、その20代のキャリア官僚の対応がヒドいのです。社会保険労務士の人と武蔵野年金事務所に相談に行ったときのことです。「100万円払ってくれ」と言われたので、「ちょっと厳しいから50万円を2回で払う形にしてくれませんか」と相談する。すると、担当者が奥の部屋に行って、そのキャリア官僚と相談して、「わかりました。3回にわけていいので、計1200万円返済してください」なんて無茶苦茶《むちゃくちゃ》なことを言うんです。さらに「期日までに払えなかったら、その翌日に差し押さえます」と。

副島 その若いキャリア官僚が夏にやってきてから、突然対応が変わったんですね。

桜井 そうです。年金事務所の徴収課の課長とかは40代半ばぐらいですが、みなこの若い奴に許可を取りに行くのです。この若いのが突然怒鳴るんですよ。「潰してやる！」

と事務所全体に響き渡る甲高《かんだか》い声ですよ。もう一つ。うちはＲＣＣと債務返済の話をしたときに、本社を武蔵野市から杉並区に移転したのです。だから対応する年金事務所を杉並年金事務所に変えてくれとお願いしても、全《まった》く変えてくれない。恥を表に出さないために変えない、としか考えられない。それなのに、私の会社はもう自分たちのテリトリーじゃないから、会社が潰れようが関係ないという態度でした。もう問答無用。うちの試算表を出して「会社が潰れたら、取る物も取れないでしょ」と言ったら、「**潰すことに意味がある**」と言われたのです。シンボリックに取り立てて潰すことで、他の未納している業者に脅しをかける、そういう意図があったのだと思います。

副島　弁護士や社会保険労務士は、間に入ってくれなかったのですか？

桜井　いろいろ手は尽くしてくれたのです。いくら年金事務所にかけあっても、全《まった》く話にならないので、経産省の関係団体である「経営士会」にも相談したのです。それで経営士会の事務局長と副会長が、年金事務所に、「１カ月以内に再生計画を出しますから」と相談しに行ってくれたのです。そのときのキャリア官僚の脅しがすごくて、経営士会の事務局長がビビって30万円自分で支払ってしまったぐらいなんです（笑）。そして結局、

「寝耳に水」の差し押さえで桜井氏の会社は息の根を止められた

2013年（平成25年）4月24日　水曜日

婦人服オーダーのモミジの民再法申請

最後の引き金になった年金滞納の差し押さえ

婦人服オーダー主力のモミジ（桜井敏夫社長）が、東京地裁に民事再生法の適用を1月申請した。負債総額3億6204万円。伊勢丹新宿本店などでオーダーを手がけてきた同社の経営が厳しくなったのは、03年にメーンバンクりそな銀行が国有化され、債務が整理回収機構に移転されたことにさかのぼる。不動産売却などで債務を徐々に返済したが、国税、年金は納付が滞った。倒産に追い込まれる最後の引き金になったのは、年金事務所の百貨店に対する売り上げ債権差し押さえだった。

寝耳に水だった

「寝耳に水だった」と桜井社長はいう。11月30日に、2カ月先までの支払い誓約書を提出。ここで約束した12月20日期限の50万円は、40万円を期日までに、残り10万円を1月4日に納付した。7日夕方、5日期限の50万円の納付について年金事務と電話で相談。2日後の9日に差し押さえが実行された。月末の手形が不渡り確実になったため再生法の適用を申請した。年金と消費税や源泉所得税などの国税の滞納は総額で数百万円。直後に、国税も差し押さえたが、その後解除。年金事務所も金額を変更し、3月26日付で再度差し押さえた。

協議もできず

昨年から年金事務所、東京国税局と協議を始め、国税には経営改善計画書を提出し、納付予定を協議していた。年金については「昨夏から徴収姿勢が強硬になった」という。「この金額では受け取れない」と言われたり、郵送した小切手を送り返されることもあったという。「潰れるべき会社」と言われ協議もできず、事業内容や試算表も「検討する段階ではない」と言われた。従業員の雇用形態を徐々に変更し、企業負担が新規に発生しない形に変えつつあり、2月には年金の新規発生分はほぼゼロになる計画だった。

担当するフェニックス法律事務所の伊藤博弁護士は「支払い意思があることが担保。支払い能力を無視した計画を誓約させ、なぜ支払えないのかと詰める。潰すことが目的か」と憤りを隠さない。「債権金額を差し押さえるのもおかしい」と指摘する。同時に14・6％という高い延滞金の問題点も指摘する。

モミジは祖業が服地。オーダーとリフォームに特化するため昨年12月、別会社「Y・MOMIJI」（ワイ・モミジ）を立ち上げ、事業や取引先を譲渡した。2月までに店舗を絞り込み、新会社として口座を開設した高島屋の横浜店と大阪店にオーダー店を持つ。

桜井社長は今回の事態について「滞納など社長としての社会的責任は非常に大きい」とした上で「セーフティーネットのない丸縫いなど高い技術を持った下請けの内職の数十人に支払いができないのが無念」と話す。

厳しさ増す中小企業めぐる環境

11年度差し押さえ件数 前年より3割近く増加

日本年金機構によると11年度の厚生年金保険の収納率は98％と前年度に比べて0.2％向上した。年金記録問題などもあって10年度までは下降していたが、徴収を強化し、改善した。「12年度も前年を上回る見通し」（日本年金機構の吉国智彦厚生年金保険部徴収企画指導グループ長）だという。

滞納が発生した場合、電話や文書で納付を依頼し職員が指導、未納が増える場合は協議し、納付計画を出してもらう。それでも改善しない場合に滞納処分、いわゆる差し押さえなど強制執行となる。11年度の差し押さえ件数は1万7798件と前年より3割近く増加した。

「自主的に支払うのが原則。信頼関係が壊れている場合などは公平性と制度維持のためやむを得ず滞納処分も実施する」と吉国グループ長。納付はしても滞納額が増加するようであれば「一般債権に対する優先権があるだけに、当然対応が必要になる」という。ただ「何の前触れもなくということはありえない。経緯があるはず」とも話す。

国税庁によると11年度の租税滞納額は1兆3617億円で、うち消費税が4169億円。その消費税の税率引き上げが来春に迫る。中小企業経営円滑化法も終了した。中小企業をめぐる環境は厳しさを増す。

返済の相談をした２日後、突然差し押さえが実行された。「潰れるべき会社」と罵倒され、返済試算表を出しても、「検討する段階ではない」と聞く耳を持たなかった武蔵野年金事務所。「会社を潰すことが目的だった」と桜井氏は憤る。こんな横暴な取り立てを許していいはずがない。（繊研新聞、2013年４月24日の記事）

差し押さえられた。経営士会に対しても私は、50万円ギャランティを払っているんですよ。年金事務所からヒドい仕打ちを受けたことを証言してもらいたいと言っても、労務士は「僕の人生が閉ざされるから勘弁してくれ」と。結局、一方は財務省、経産省、厚労省がバラバラで「私たちには関係ない」で済ましてしまうのです。

差し押さえは唐突だった。２０１２年11月30日に、桜井さんは２カ月先までの支払い誓約書を年金事務所に提出した。12月20日までに50万円返済することを約束した。40万円を期日までに、残りの10万円を翌年１月４日に納付した。３日後の１月７日、次の50万円の返済について年金事務所と相談した。しかし、その２日後の１月９日に年金事務所、さらに国税局にまで差し押さえられたのだ。出店している百貨店にまで押しかけて来て、差し押さえるという強硬手段だった。

桜井　差し押さえは書面でおこなわれました。入金が百貨店からしか無いわが社の「百貨店への売掛金《うりかけきん》の返却権をこちらに寄越せ」という内容です。年金事務所に債権を持っていかれるのは嫌だったので、国税局の担当のところに行って、「年金事務所に差し押さえられました」と伝えました。そしたら、国税局が、その場にいるスタッフをかき集めて、株式会社三越伊勢丹に直行して、差し押さえです。三越伊勢丹では、「国税局が掛けつけて差し押さえるほど、それぐらいモミジは悪くなったのか」というイメージが付いてしまったのです。

副島 国税局は、自分たちの税金債権を取り立てたわけですね。

桜井 そうです。国税局には事前に相談に行って、再建計画書を見せていたので、待ってくれていたんです。実際、元本は返済できて、利息の3千万円が残っているだけですから。一方、年金事務所に行くと、「何で国税を優先するんだ」と。「国税が優先なんてとんでもない。うちに（年金事務所に）こんなに迷惑をかけているのに、なんで国税、国税というのか」なんてことも言われましたよ。

副島 2013年の1月9日に差し押さえられて、東京地裁に民事再生《さいせい》法の適用申請をしたわけですね。

桜井 ええ、百貨店に対する売り上げ債権が入金される3日後に合わせて、素材、生地を手形で買っていたんです。だから売り上げ債権を差し押さえられたので、１２００万円の手形を自力で落とさなくてはいけませんでした。その分は何とかかき集めて、自己資金で落としたんです。でもその次、1月20日ごろに来る、６００万円ほどの手形がどうしても落とせなかった。それで不渡りになる前に、東京地裁に書面で申請しました。民事再生法の適用です。百貨店の売り上げ債権が入る寸前というのは、一番資金が無いときなんです。そのときは手持ち資金は40万円ほどしかなかった。完全に狙われていたんですよ。息の根を止めるために差し押さえられた。

負債総額は３億６２０４万円。今は破産処理に移り、モミジが持つ資産を債権者で分ける協議が続いている。だが、国税局が優先的に、利子だった３千万円を持っていき、従業員への給与も払うことができなかった。

桜井　下請けには自己資金で何とか2千万円ぐらいは払えました。でも彼らからすれば、「私たちの労働の対価はどうするんだ」という気持ちですよね。

副島　裁判所の破産法に基づく破産処理を実行中ということですね。

桜井　そうです。愚痴っぽくなっちゃいますけど、最終的な清算では、国税がほとんど持っていっちゃうので、一般債権にまで回る資金がないのです。

副島　労働債権（給料など）は優先しないわけですか。

桜井　職人のみなさんに給料を払えませんでした。そこは本当に申し訳ないと思っています。自己資金も入れて、何とか払いたいと思いました。しかし、労働債権は最後のほうに回されてしまうのです。

副島　年金事務所の取り分は？

桜井　3千万円ほど残ったままです。年金事務所は、国税債権が優先することを知っていて、私を潰しにかかったわけですよ。債権回収が目的ではなかった。彼らの書類上は、6カ月もの間、一切返済に来ないヒドい会社ということなんでしょう。こんな潰し方はおかしいと闘った人が何人もいるんです。でも、年金事務所の言い分は、「『日本年金機構』という新しい名称になったから、いままでとは違う。厳しく取り立てる方針になった」と。どこがコントロールしているかわからないから怖かった。

副島　なんで厚労省の年金事務所が下手《へた》を打って、こんなバカなことをしたか、ですよ。自民党（安倍政権）への政権交代前に発狂状態になったんですかね？

桜井　それはわかりません。年金事務所の徴収課にいる人なんて、「最後のお勤め」みたいな老人ばかりですよ。それが急に「なんでこんな若い奴が」と思うのが、夏の人事異動でやって来て、そこから急におかしくなったんです。一人だけ目つきの違う男でした。

副島　桜井さん、そいつを訴えないとダメですよ。簡単に言います。公務員は訴えられると出世が止まるんです。本当に。刑事告発もしなさい。弁護士を通さなくても、本人訴訟というものができますから。怒り、憎しみがあるなら他の奴らのことはいいから、こいつに対する憎しみの一点張りでいい。こいつに会社を潰されたんですから。

弁護士も社労士も経営士会も本気では闘ってくれない

副島　話を聞いていると、弁護士も、社会保険労務士も、経営士会というのも、誰もあなたのために闘っていませんね。やっぱり怖いんですよ。役人が。自分のほうに差しさわりが来るからね。国家のお免状をもらっている弁護士、社労士なんてのは、あなたのためには闘わない。みんな他人事だから、逃げちゃうよ。自分で闘うと決めたら、敵一人に食らいつかないと。私は法律のプロじゃないけど、闘い方のプロではあるんです。言論活動をずっとやって来たから。あなたが本当に怒り、恨みを持っているなら、そいつが「潰してやる」と叫んだのだから、脅迫罪か営業妨害罪で刑事告訴すればいい。検察庁は受理しますよ。公務員は裁判所が自分への訴えについて審判中である（訴訟繋《けい》属《ぞく》）というだけで出世が止まるんですよ。相当に、ビビりますよ。「やりすぎた」という組織内での判断になる。「お前、何をしたんだ」と調査が始まりますから。桜井さん、私と同じ年齢ですよね。

桜井　はい。昭和28年（1953年）生まれです。

副島　もうあなたの会社は清算段階に入っているから、この流れは止められません。ただ、このキャリア官僚がやったことがあまりにヒドいというのが、根本にあるわけですね。それなら個人的に刑事告訴すればいい。民事で損害賠償請求するのでもいいですよ。

「潰す」と脅されて、実際に商売が潰されたのですから。素朴な素直な文章を書いて裁判所に出せばいいんです。裁判官というのは手続き、手続きの鬼のように見えて、人間なんです。わかりやすい真実がそこに書いてあれば、必ず読むものです。自分で書いたものでいいんです。弁護士も、社会保険労務士も、経営士会も、あなたのためには何もやってくれませんよ。

桜井　たしかに、そう見えても仕方がないですね。

副島　このキャリア官僚は、もう別の場所に異動しているでしょう？

桜井　わからないです。もう近寄りたくもなかったですし。

副島　怖がらせるのが役人の手口ですから。怖がったら負けですよ。闘いにならない。「表に出て来い」と訴えればいいんです。相手は公務員ですから、あなたがもらった名刺にある通りの職名と住所で本人のところまで訴状が届きますよ。むこうが出てきて、裁判に持ち込めたら、口頭弁論《こうとうべんろん》で対決すればいい。「よくも私の会社を潰したな」と怒鳴り返してやればいいんです。もう理屈じゃないですよ。ここまで来たら。

国税と年金事務所で話がついている

副島　国税局はシメシメですよ。あなたが国税に対する恨みを持てない仕組みに初めからしてある。おそらくこの年金事務所のキャリア官僚が前もって国税局と話をつけて、「私が途中までやるから、国税さんが債権を取りなさいよ」と裏で話がついている可能性が高いです。ただ、構図は複雑にしないほうがいい。私も税金裁判を8年間やって誰も助けてくれませんでした。**私の弁護士も裁判所、国税庁と裏でつながりましたから。**

桜井　たしかに、先生のおっしゃるようにいろいろありましたが、本当に追い詰められると、相手に情があるかないかが大切なんです。理屈と理屈をぶつけあうような闘いに疲れてしまった。どんどん疲弊していくんです。いまは、以前仕事で関係した場所にはほとんど寄り付かなくなりました。息子の会社を手伝って、社会に少しだけ関わりながら、これからどうしようか考えているんです。会社が破産したというのはたしかに汚点だったけど、あと20～30年は私も生きるでしょうから。

副島　桜井さんは負債額が少ないから、それだけ手堅くやってきたということですね。

おかしな商売をやってない。社会的に意義がある商売をやってきたのに、それを簡単に潰されてしまう。しかも債権者会議《さいけんしゃかいぎ》で、従業員も含めて納得して話しあうべきところに、国家権力がドカドカやってきて「俺たちの債権が優先だ」とスゴんでくる。こんなことはやってはいけないことなんです。従業員の給料より、国税の延滞税が優先するなんてことはない。民事債権、従業員の労働債権のほうが優先するのです。国家は国民に対して常に控え目でなければいけないんです。

桜井　国税局の人から「納税はヨーロッパから来た文化で、命と同じなんだ。命を落としてでも税金を納めるものなんだ」と言われましたよ。

副島　そんなバカな理屈はありません。ヨーロッパの近代破算制度こそは、一切の債権の消滅、で終わりとします。全くバカなことを言うヤツらだ。私は、苦しい思いをした人の苦しさだけは理解できる。くだらない理屈を言うヤツには怒鳴ります。弁護士も税理士も、社会保険労務士にしても、経営士会にしても、依頼人の苦しみを中心に考えろ。人の不幸を利用して金《かね》に変えているだけじゃないか。裏取引ばかりするスパイじゃないか、と思いますよ。

美智子皇后のドレスを作った優秀なスタッフたち

副島　オーダーメイドの洋服って、1着30万〜50万円もするのですか？

桜井　2000年ごろ、年間2300着ほどオーダーがあったときは、平均単価が、生地こみで18万〜23万円というところでした。伊勢丹内の洋服店の平均単価でも、うちが一番高かったですね。ただ、たとえばその人が世界各国の人が集まる晩餐会に行くときに、男性はテーラーがありますが、婦人向けのそういうお店がないんです。たとえばアルマーニなどのブランドドレスを着る中国人は、体格がしっかりしているからかっこいい。でも、日本や韓国のご婦人だと、ボディラインがかっこ悪く見えてしまうんです。同じブランドのドレスを着るとはっきりわかってしまう。だから、その人にあった、世界に同じものがないドレスを作るわけです。日本の和装から引き継ぐ文化なんです。和服はものすごく高い生地を羽織るという文化です。うちはそれを洋服でもやったのです。

副島　そのために、優秀なスタッフを集め、社会保険もしっかり掛けていたわけですね。

桜井　そうなんです。職人たちのために年金と社会保険をきちんと払ってきたのです。

この前、亡くなってしまいましたが、植田いつ子さんという、美智子皇后のドレスのデザイナーを長年やっていた人がいたんです。彼女が青山一丁目に立派なブティックを持っていた。でも、清算しなくてはいけなくなって、スタッフを全員うちが引き取って、東急本店にオーダーサロンを作ったんです。日本が誇る最高の技術を持ったスタッフが集まっていましたね。ただ、やはり採算は厳しかったです。コストも高いし、技術を残すために、不採算の店も残しておかないといけなかった。でも、どうにかしてこの技術を継承していく永続的なシステムを作りたいというのが、私がやってきたことでした。

日本では縫製業だと、パーツ縫いが多いんです。もともと日本では裁縫という言葉があるように、イチから全部作り上げる文化でした。和服も洋服もです。それがパーツ縫いになって、いまや東南アジアから発注を受ける下請けの国みたいになってしまっている。オーダーを受けて、イチから洋服を作り上げることができる職人さんは数少ない。私たちは、腕のいい職人さん、そして縫製の文化を残したくて、全国で1社か2社しかないオーダーサロンを続けてきたのです。私は破産という、弁解の余地もない事態になってしまいましたが、いまはうちの息子が、荻窪でオーダーサロンをやっています。一

年金債権の異様な取り立てで会社を潰されて怒る桜井氏

取り立てるためには会社を潰してもいい、という歪んだ考えが、税金だけでなく年金債権にまで広がっている。

流の縫製人、一流のパタンナーがいて、お客さまが来たら、その場で納得がいくまでパターンを引いて。4人ぐらいの小さな会社ですけどね。

副島　そっちまで妨害が入らないよう、しっかり会社を清算して、弁護士とか、労務士とか余計な人間関係は切ったほうがいいですよ。

桜井　いまは時間もできたので、息子の会社のたちあげも、登記簿とか、特許庁とのやりとりとか、自分でやっているんです。自分でやれば無料ですからね。本人訴訟もトライしてみようと思います。勉強になりますから。

第八章

「交際費への課税をやめよ」

強制執行妨害で逮捕されたバブルの帝王
渡辺喜太郎・元麻布建物社長

渡辺喜太郎（わたなべ きたろう）
プロフィール

1934年、東京都生まれ。東京大空襲で両親を失い、戦災孤児に。1956年、22歳で麻布にオートバイ販売の麻布小型自動車を開業。その後は麻布自動車産業、麻布建物を設立。投資で莫大な利益をあげた。1986年にはフォーブス誌の「世界長者番付」で6位にランキングされたが、バブル崩壊が響き倒産。1997年、強制執行妨害容疑で逮捕された。現在は麻布総研株式会社会長。

麻布建物の渡辺氏は、1990年をピークとする不動産バブルの張本人の一人である。「世界6位の富豪」だった人が、バブル崩壊で全てを失った。そして、微罪《びざい》での逮捕。生まれながらの優れた経営者であり、政財界にいまも豊富な人脈を持つ渡辺氏のような人物が役人の一刺しで奈落の底に落とされてしまった。

〝法律は役人の刃物〟だ。役人が、自分たちが潰したいと思う人物を潰すために、好きなように使える刃物だ。麻布建物の渡辺氏もそうだった。1997年、強制執行を逃れようとしたため、公正証書原本不実記載と、強制執行妨害の容疑で逮捕された。

渡辺　自分で言ったらおかしいけど、私は何も悪いことしてないですよ。借金したってだけですから。「執行妨害した」と言われてもね。私の弁護士が、このままでは資産をぜんぶ押さえられちゃうから別口座を作ろうとした。そしてテナントに「この口座に家賃を入れてください」と言ったんです。これで逮捕、ですよ。弁護士までもですよ。役人が「あいつをやっつけろ」と言ったら終わりなんですよ。恨《うら》まれたらダメよ。日本は。

副島　犯罪というのは本来、被害者がいて、被害者が泣き叫んで「こんなヒドい目に遭いました」と警察に訴える。その時に捜査が始まる。被害者がいなければ犯罪じゃないんですよ。国家自身が騙されたとか、自分に提出された公文書が偽造された、なんてのは犯罪になるわけがない。

渡辺　目立ったらダメなんですよ。金持ちはさ、僕が知っている人だけでも、まずダイエーの中内㓛《いさお》さんをダメにしちゃって。西武の堤義明《つつみよしあき》さんは証券取引法違反で逮捕・起訴ですからね。リクルートの江副浩正《えぞえひろまさ》さんだってそう。何も悪いことをしていないのにみんな、やられてしまった。いま、ユニクロの柳井さんだって、楽天の三木谷さんだって、役人がひとこと「あいつ生意気だ、何とかなんねえかな」と言えば、やられてしまいますよ。

日本の特別国民である役人たち

渡辺　私は、役人と政治家は「特別国民」だと思うのです。税金で食っている人が特別国民。彼らは65歳〜70歳になって、我々よりたくさん金《かね》を持てるようになる。我々はみな使っちゃったから（笑）。

副島　特別国民。いい言葉ですね。特権を持つ人たちだ。私は、東大法学部卒の官僚＝上級公務員をこの国の真の支配者、そして、彼らの直接の家来であるのが一般公務員という見方をしています。上級公務員たちは、自分たちと、子分たちを食べさせることを全てに優先する。だから民間企業や資産家たちは、役人、官僚の喰い物なんです。エサなんです。必要な時に全部奪い取ってやればいいという考えかたで、暴力団と一緒ですよ。だから「税金官僚は国家暴力団だ」と私は言っているんです。

渡辺　彼らが取りつくしちゃって、あとは何も残っていないんですよ。このまま、日本の人口が7千万人ぐらいにまで減ったら、やっていけなくなりますよ、この国は。取れる税金、無くなってしまうから。だいたい、役人は、役所へ入って3年目くらいまでは「国民のために」と思うと言うんです。5年経つと「先輩のために」。10年経つと、「我々（役人）の将来のために」と。この前、役人を辞めた人が言ってましたよ。

副島　彼らは軍隊と同じで、組織で動いている「顔《カオ》なしくん」なんです。決して一人で表には出ない。裏に隠れて、黒子《くろこ》に徹して悪い事ばかりする。

渡辺　とにかく金持ちをいじめちゃダメ。お金を使う人がいなくなってしまうからね。交際費を使えなくした（１９８２年に制定された）のも金持ちいじめですよ。交際費に１００パーセント課税するようになって、銀座もダメになったし、地方も商店街も全部シャッター通りになってしまった。栃木の喜連川《きつれがわ》のゴルフ場だって、あそこは城下町で、昔はエライ人が行く町だったけど、もう全部シャッター通りですよ。商店街のシャッター通りなんて、住宅としても売れないし、二束三文になっちゃったんです。誰も買わない。商店主たちも自分の財産が無くなってしまったから跡継ぎもへったくれもないんです。個人の金持ちの交際費なんてたかが知れている。企業が使う金はでかいよ。交際費課税をなくしたら銀座も栄えるし、全国のシャッター通りもなくなる。

副島　その裏にはね、アメリカがいるんですよ、渡辺さん。交際費課税をね、１００パーセント課税にしたのはアメリカなんです。日本人は会社の会議室で契約を決めないで、飲み屋やバー、料亭、ゴルフ場で決めていると。そんなことはけしからん、ということで日本政府を動かして、１００パーセント課税をやらせたんです。あれから30年、日本経済はすっかり停滞しましたね。交際費は経費です。経費は経費だ。出たお金《かね》、使ったお金はすべて経費として認めろ、という国民運動をやらないと、日本は滅びますよ。

渡辺　アベノミクスで株が上がったといっても、おいしいところはアメリカのヘッジファンドが持っていってしまう。だいたい、株は上がっても土地は動いていませんよ。麻布十番で、昔は坪《つぼ》5千万円だった土地が、いまは500万〜600万円。私がオーナーをしていた喜連川カントリー倶楽部では一反《いったん》（300坪、1千平方メートル）で200万円していた土地がいまはタダ同然ですよ。最近、銀座の知人が店を畳んだんですが、株のデイトレードで30万円儲けた、40万円儲けたって話ばかりしている。このままでは銀座もシャッター通りです。

副島　喜連川カントリー倶楽部を渡辺さんが作ったときは100億円ぐらいかかったんですか？

渡辺　250億円かかりました。それを8年前、7億円で買ってもらったんです。35分の1ですよ。やっていけないから、民事再生を申請してね。民事再生をやらないできたゴルフ場オーナーは、いま、（ゴルフ場ひとつを）5千万円から1億円で売ってますよ。

固定資産税の支払いがツライからって。それで牧草地にしているって。わたしもホテルを作ったんだけど、年間4千万円ぐらい固定資産税で取られた。これが払えない。最近は建物の場合、減《げん》価《か》償却《しょうきゃく》は何年でもいい、となりましたけど、それが本当だと思うんですよ。不動産を取得したときに税金払っているのに、固定資産税というのは、税金の二重取りですから。

副島　民事再生法（2000年制定）は、「ゴルフ場再生法」のことでした。全国に2500個あるゴルフ場の90パーセントがこの民事再生法のやっかいになったはずです。ゴルフ会員権は一番高いときは3千万円ぐらいしましたか。

渡辺　そうですね。いまは80万円ぐらい。タダみたいなものですよ。名義書き換えに50万円くらいかかりますけどね。いまプレー費が平日4500円、土日休日で6500円ぐらい。ビジターならそれプラス1千円。もう、ゴルフ場経営なんてやっていけませんよ。税金が高いんですから。昔の会員には土下座して謝りましたよ。みんな、「まあ、しょうがねえや。お前んとこだけじゃなくて、買ったとこ全部ダメになったから仕方が無い」って。すでに日本は相当弱くなっている。まだ経済は世界3位とか言ってますけど、何を言っているんだと思いますよ。

副島　いまは世界で50番目ぐらいでしょう。インドネシアやタイにも負けるかもしれない。

渡辺　この前、フィリピンのセブ島に行ったんですけどね。みんな貧乏しているけど、生き生きしているんです。夜中の2時、3時でも街の真ん中がにぎわっていてね。それから、私は海外に行くときは、必ず野菜市場へ行くんです。どこの国でも、日本のみかん、卵、米は10倍の値段ですよ。だからね、日本に農業特区を作って、一県はイオン、一県は伊藤忠、一県はイトーヨーカドーがやるという形でやればいいんです。そこは税金をタダにしてね。日本には徴兵制が無いんだから「徴農制《ちょうのうせい》」を作ってね（笑）。5万人ぐらい募集して。その代り、盆暮れを休日にする。株式会社化できたら、日本の農産物は、世界に輸出できると思うんです。日本の農産物は世界一ですよ。香港、中国に行っても、日本の寿司屋は一人3万円ぐらい取るんです。それでも満員ですよ。向こうの富裕層に人気がある。

副島　いま、お金があったら農業につぎ込みますか？

渡辺 いや、もう歳《とし》ですからね（笑）。いまの農家は本当に人がいなくて、60、70歳のおばあちゃんがやっているんです。そうじゃなくて、大企業が進出して若い人を雇えばいいんですよ。

副島 渡辺さんから、農業の話を聞くとは思っていませんでした。

渡辺 何でかっていうと、戦時中に疎開したときに、米、大根、キュウリ、ナス、全部自分で作ったんです。作るってのは小学校出たくらいの子供は興味を持つんです。種から何ができるのか、ね。日本は、オギャーて生まれたときから、東大入って大蔵省、いまの財務省入れれば一番いいっていう教育でしょ。二番目は、東大を出て大企業に入れればいい。農業やろうって人が一人もいない社会になっちゃっているんです。

不動産バブルを潰したことが日本の低迷を招いた

渡辺 私は当時、政府が地価を半分に下げるという話を早くから聞いていたので、渡辺《わたなべ》美智雄《みちお》さん（愛称ミッチー。当時、副総理）に話したんです。美智雄さんは、みんなの党の渡辺喜美《よしみ》さんのお父さんですが、こう言っていましたよ。「世の中は、機織《はたお》りの機械と同じで、『座《ざ》』という歯車が回ることで動いている。『座』で社会はつながっている。不動産という『座』だけ外して強引に土地の値段を下げたら、ほかの『座』も回らなくなって、元に戻るのに30~40年かかるよ」と。実際、そのとおりになったわけです。

副島　たしかに、あのとき不動産バブルを崩壊させたのが日本の低迷の原因ですね。バブル当時の政治家には、まだ「政治家」の名にふさわしい迫力とパワーがありましたね。

渡辺　麻布建物には1980年代の10年間で、約30億円の使途不明金があったんです。これは政治家への〝裏献金《うらけんきん》〟ですよ。私がある大物政治家に2千万円の現金を持っていったときのことです。政治家が「200万円入りの袋を5つ、100万円入りの袋を10作れ」と秘書に命じた。どこに配るのかと聞くと、「役人への小遣いだ」と。そうやって役人たちにも私の金が渡っていたんですね。私は国税庁にはけっこういじめられたけど、渡辺美智雄さんがついていたから、一度も脱税では挙げられたことはありませんよ。

副島　昔の政治家は迫力ありましたね。

渡辺　いまの政治家は役人にぶっ潰されちゃうんですよ。役人が「いじめろ」と言えば、総理大臣だろうとやられてしまう。

副島 ほんとですね。役人（官僚）の方が政治家（国民の代表）よりも強くなってしまった。このことが日本の衰退の本当の原因を作っています。だいたい「脱税」という言葉をみんなが安易に使い過ぎなんです。国税庁が「あいつは悪い奴だ、犯罪者だ」と思わせるために「脱税」と言っている。脱税（国税犯則《はんそく》取締法違反）というのは1億円以上の意図的な収入隠し（申告漏《も》れ）のことです。法律というのは、世の中からは正義を実現するものだと思われている。しかし、法律とは、官僚たちの刃物、武器なんです。彼らはどのようにでも使える。自分たち官僚に逆らう者を潰すための武器が法律です。マスコミもこれに加担している。女や金《かね》の問題で政治家や経営者を叩き潰すわけでしょ。渡辺さんも、マスコミ（メディア）も含めて一斉にワッと襲いかかられたから、何にもできなかったでしょう。

渡辺 できませんでしたね。僕も逮捕されてしばらく拘置所にいたからよくわかりますよ。いったん狙われたら、検察庁もグルだから必ずやられる。取り調べだってね。マル暴《ぼう》担当の刑事が「調書にハンを押せ」というから、「こんなことしていないよ」と言っても、「バカヤロー、お前は坐《すわ》っている価値もないから、向こう向いて立ってろ」なんて恫喝《どうかつ》するんです。リクルートの江副さんも同じだったって。最近では丸源ビルの川本《かわもと》源司郎《げんしろう》さんが脱税でやられましたが、あの人、役人に食ってかかるからね。役人、官僚は「特別国民」だ。日本は税金で食っている「特別国民」のためにあるんですな。その証拠にＪＡＬは税金使って助けたけど、シャープは潰れそうでもかまわない。ＪＡＬは官僚の天下りを引き受けたから助けてもらえたんですね。

副島　私の知ってる裏の話を言いますと、大きな宗教団体や、アメリカとつながりがあって大きなネットワークに入っている個人や企業は助かるんです。ネットワークに入ってないとホリエモンみたいにやられちゃうんですよ。いまは法人税の減税が言われています。大企業はじめ合計で２００兆円ぐらい利益を出している。アメリカがいっぱい日本株を買っていて、その配当金を出すために法人税減税をしたんですよ。大企業の株の配当金を世界なみに2、3パーセント出せ、ということです。キヤノンの御手洗冨士夫《みたらいふじお》会長がかつて「私たちでも東京国税局の査察部だけは死ぬほど怖い」と言っていました。マルサが襲い掛かってきたら、どうにもできない。政治家だってそうですよ。税務署が入れば、実力《じつりょく》のある政治家だって徹底的にお金の動きを洗われますから。だからこの国で一番怖いのは国税庁＝財務省なんですよ。それと検察庁。この2つは実動部隊（それぞれ5万人ぐらい）を持っていますから。

渡辺　小沢一郎もあれだけ力を持っていたのに、あっさりやられちゃったからね。

副島　小沢一郎は穢《きたな》い金《かね》は一切受け取っていない。それを悪人に仕立て上げた。検事総長や警察庁長官もグルでした。本当のワルは、当時の最高裁判所長官であった竹崎博允《たけさきひろのぶ》ですよ。彼らはアメリカ留学組で、この〝法の番人たち〟が、法律を刃物にして使って襲い掛かるんです。小沢が無罪になったら、今度は検察審査会ってのを使って、何回でも痛めつけた。日本は自分たちのトップに、立派な人物を置くことができない国にされてしまった。渡辺ミッチーや亀井静香さんもいい政治家でした。国民思いの立派な指導者が現れると、アメリカと対等に交渉しようとします。それはアメリカにとってものすごく嫌《いや》なことなんです。だから優れた人物が国民の上に立てない。そのように深く仕組まれている。まだ、マレーシアとか、タイ、シンガポールのほうが立派な政治家が出てくるでしょ。金持ち層（上層国民）と指導者たちの気持ちが一体化していて、国民の気持ちが一つなんです。それで、普通の一般国民をちゃんと食わしてやるという気概がある。

渡辺　政治家と金持ちを痛めつけて、日本はどうしようっていうんだろうね。金持ちをいじめたら、お金《かね》を使う人がいなくなっちゃう。銀座だって、金持ちがお金《かね》を使っていたんだから。金持ちってのは個人だけじゃなくて、企業もそうですよ。交際費に課税するってのは金持ちいじめ税ですよ。交際費をどんどん使わせれば、銀座も栄えるし、地方のシャッター商店街も無くなります。

副島　全く同感です。官僚に政治の実質をやらせるから、ますますヒドい国になるんです。渡辺さんが役人官僚にヤラれたわけですね。渡辺さんのような優れた経営者が団結したときに国が栄える。官僚たちに向かって、お前たちがやっていることは日本のためにならないんだ、ということをコンコンと説明しなければいけませんね。学校の勉強ができただけで、自分たちが一番偉いと思い込んでいる連中ですよ。国民の代表でもなんでもないのに。経営の能力がないのに国家を経営しようとする。

渡辺　やっぱり東大法学部が一番悪いんですかね。

バブル経済が再び日本に来るか。
優れた経営者である
渡辺喜太郎氏に学ぶことは多い

'80年代末の不動産バブルの元凶の一人とされて潰された。日本国の〝金《きん》のガチョウ〟たちを、官僚が殺したことがこの国のまさに悲劇だ。

副島　そうでしょう。松下電器の創業者の松下幸之助さんが、１９７１年にはっきり書いているんです。「東大と国税庁を廃止すべきだ。この二つが一番よくない」とね。本当に卓見でね。この世の真実を言っている。そして、自分たち経営者にやらせれば内部《ないぶ》留保《りゅうほ》（利益の蓄積）を作って、それで十分に日本国民全員を食わせていけるんだと。そして税金はゼロにできると、「無税国家論《むぜいこっかろん》」を経営の神様である松下幸之助は言っていた。日本の問題は、常にここに行きつくんですね。

終章

格差社会（を）肯定（する）論
「金持ちをいじめたら日本は滅びる」

副島隆彦

日本の学校教育（公教育）の特徴は、平等主義だ。「人間は平等だ」、「平等社会の実現」とか、「個性を伸ばす教育」と唱える。ところが、一方では実際にはそんなことはちっとも信じていない。それらの標語はただのキレイごとである。実際には徹底した能力試験、学力試験重視である。「受験勉強」と「試験地獄」という言葉で表される。世の中の真実は〝弱肉強食〟の激しい競争社会である。

あの受験勉強のおかげで、みんな、ヒドい目に遭《あ》った。18歳までに、ほとんどの日本人が脳（頭）をやられておかしくなっている。子供時代に試験勉強ばかりやらされたおかげで、多くの人々がビクビク、おどおどした人間に成長した。学校の試験で毎回、毎回、点数をつけられることで、人間を脅迫し続けたのだ。それでみんなの人格がかなり歪んでしまった。それが「人間は平等だ」と表面では掲げている学校教育がやっていることだ。つまり言っていることと、やっていることが大きく異なる偽善者（ヒポクリット）の体制である。

私の本の読者の中心は、小金持ち、経営者、自営業者たちである。自力で売り上げと利益を作り出して、ごはんを食べている人たちだ。会社に雇われて生きている大量のサラリーマン層（正確にはサラリード・マン salaried-man と言う）は、残念ながらあまり買って読んでくれない。私は自分の講演会で、失礼を承知で次のように言う。「みなさんは、経営（金儲け）の才能はある。しかし学校時代はあまり勉強ができなかったでしょう」と。

客席でみんな、ウンウンとうなずいている。私は敢えて、わざとこういうイヤなことを言う。学校時代の成績がよくなかった人ほど、後で経営者になって、人生に成功している。経営者はやる気があって人一倍元気ながんばり屋で、人を使う能力がなければやっていけない。そしてお金を扱うこと、お金を儲けることに、ずばぬけた才能を、生来持っている人たちだ。

主に、飲食業や、流通業といったサービス産業で、自力で小さな商売をおこし利益を上げて、こんな大不況（本当は金融恐慌）の時代でも、それなりの資金を蓄《たくわ》えている。これは非常に大事なことで立派なことだ。自営業者や経営者になった人たちが、世の中を大きく支えている。もっと本当のことを書くと、この５００万人ぐらいいる会社経営者や資産家層が、残りの１億２千万人の日本国民を、雇ったりして食べさせている。

逆から言うと、小学校、中学校、高校で学校時代の成績がよかった人たちは、勉強秀才なのだが、その後そんなに裕福な人生になっていない。そんなに決めつけるな、と言われても私は決めつける。

特に理科系のエンジニア、技術者がそうだ。彼らは大学の工学部や理学部を出た頭のいい人たちなのに、その後に、発明家や独創的な科学者（サイエンティスト）になるなど、ほとんどありえない。実際には、企業の研究部門、あるいは工場の技術開発部門に入る。そして大企業の中で、小さな発明や改良をコツコツおこなって、自社の商品（工業製品）の質をほんのわずかずつだけれども、確実に良くしてゆく。そういう技術改良をものすごい数でたくさん積み上げて、それらは工業製品の中に組み込まれる。その結果、日本は世界に冠たる技術大国になった。先端（ハイテク）工業品の輸出大国になった。その代表は「デバイス」deviceと呼ばれる超小型の電子部品だ。これらの大半はいまでも日本国内で製造されて海外に輸出される。

彼ら理科系の技術者たちは生来、非常に優秀な人たちなのだが、その努力や業績に見合った良い暮らしはしていない。外見からもただのサラリーマンだ。駅のコンコースを肩を丸めて黙々と通勤している。彼らは世の中の自営業者や、小さな会社の経営者たちほどの収入を得ていない。そんなことはどうでもいいじゃないか。「それでいいんだ。自分は好きな技術開発の研究を会社からやらせてもらっているから、年収や給与のことでは文句を言わない。会社が生活の面倒を見てくれればそれでいい」という人もたくさんいる。不満はあるが文句は言わない。

いまの日本はもう20年以上も激しい不況（経済停滞、リセッション）が続いて明らかに衰退国家（デクライニング・ステイト　a declining state）である。「夢や希望だけでもいいから、ウソでもいいから安倍さんよ、何とか景気を良くしてくれ」とすがりつく感じ（国民感情）になっている。それがいまの安倍政権を支えている。

この厳しい経済環境の中で大企業、大組織に入った人ほど、理系、文系を問わず苦労が絶えず、受ける苦しみが大きい。中学、高校時代に勉強ができた人というのは体力も知力もあって、記憶力と計算力がすぐれているから、きちんきちんとしていて、いい大学に入ることができる。ところが、この後、将来金持ちになっていい暮らしができるかというと、決してそうはならない。

本当にかわいそうなくらいだ。製造業（メーカー）は、高卒の工場労働者たちをたくさん抱えているのであまり給料差別ができない。だから技術開発部門の研究員たちでも50代にならないと年収1千万円を超えない。ヒドい、とまでは言わないが、ようやく家族を養って、家（あるいは鉄筋高層アパート）は30年間の住宅ローンで買えて、子どもをなんとか大学に出せるぐらいの給料しかもらっていない。理科系は数学や物理学という難しい教科ができた人たちだから、生まれつき数字に強いのだから、本当はお金の計算もうまいはずなのだ。だから数学ができる計算力のすごさで、自分の力で会社を作って利益をどんどん出していい暮らしをすればいいのに。ところがそうはなっていない。

高等数学の計算力と、ユダヤ人的な金儲けの、お金の計算は全く別ものである。

ここには非常に重要な問題が横たわっている、と私は思う。私はいまの日本人なら素朴に自然に疑問に思っている、しかしあまり口に出さない（みっともないと周囲から思われるかららしい）ことをホジくっていって、大切な問題の所在をコトバ力で公然と暴《あば》き立てると固く決意している人間だ。気取った高級知識なんか、もう要らない。飽きた。知ったかぶりのエラソーな議論などもうしたくもない。おそらく理科系の技術者たちの多くは、自分で商売をして、いい暮らしをするなどしたくないのだ。そんなことは考えたくもない。「お金の話は嫌いだ」という人がいまもたくさんいる。お金は魔物だ。人間を支配する。人間は金の力で、本当にいいように扱《あつか》われて支配される。

私は還暦（60歳）を過ぎた。大学を出て、外資系の銀行に勤めた後、予備校教師と大学教授を合計で25年間やった。だから私は教育の現場をよく知っている。自分の教師（教育者）としての半生を省《かえりみ》て反省することがたくさんある。自分もまた、この「教育は洗脳である」の歯車の中で、若い頃は、無自覚に、「人間は勉強すれば出来るようになるんだ。自分（この私）が教えるんだから、きっと生徒たちは出来るようになる」と長いこと思い込んでいた。そんなことはなかった。全く無かったとは思いたくないがほとんど無かった。学校の勉強なんて、その人、その人のちょっとした頑張りで、ほんの少し成績が上がったりする程度であって、大きくはどうにもならないものだ。能力は生まれた時から決まっている。姿形《すがたかたち》や身長や容姿が、人それぞれで決まっているのと同じことだ。これを運命という。人の知能もその人の運命だ。

「人間は平等ではない」という大前提を語るべきだ

人間は、世の中（社会）で生きて生活する上で、取り扱いにおいて平等であるべきである。しかし真実としては、人間は平等ではない。人間は平等であるべきだが、平等には生まれついていない。私たちは、そろそろこの大きな問題について、正直に議論を始めるべきだ。

平等社会の実現など現実の世界ではあり得ない。世界基準（ワールド・ヴァリューズ、世界各国との比較）でも、リベラルで優れた憲法典である日本国憲法は、第14条で「すべて国民は法の下（under the law アンダー・ザ・ラー）に平等であって…差別されない」と定めている。このように平等は「法の下で平等」なのであって、無前提になんでも平等なのではない。「法の下での取り扱いにおいて平等であるべき」なのであって、現実には多くの場面で平等でない。他の人々と比べて、公務員や国家（行政）から法律上の不利益な取り扱いを受けてはならない、と憲法で定められているのである。このことは選挙の投票権は一人一票とか、ちゃんと運賃を払えばバスやタクシーに乗れる、ということだ。公共の場で人間を差別するな、ということだ。それが「法の下の平等」だ。しかし高級なお店での「一見《いちげん》さんお断り」の差別はいまもそれなりにおこなわれている。実際の生活の中では、私たちはあれこれたくさんの不平等の中で生きている。この事実は重い。

人間は生まれながらに不平等なのである。私たちは「人はなるべく平等であるべきだ」という言葉までは使っていい。しかし、「人間はみな平等だ」と断定してはいけない。ところが、このおかしな強い平等主義（エガリタリアニズム）egalitarismを、日本の教育の現場では生徒（若い国民）に教え込む。ところが、そのあとすぐに、能力差別をするための試験をやる。そしてひとりひとりに点数をつけて厳しく生徒、学生を管理している。

現実として人間は平等でない。人間は自分の身長を3センチ伸ばすことすら、いくら努力してもできない。医学の力で無理やり手術をやってもできない。美醜《びしゅう》の問題も生まれながらに決まっているので、ちょっと美容整形したぐらいではどうにもならない。みな、お互いにバレている。全ては持って生まれたものであって、「所与《しょよ》の条件」（ギブン、given）という。
向田邦子《むこうだくにこ》さんというテレビドラマ・ライターが昔いた。この人に文章を書かせたらかなう人はない、というほどの優れた女流作家だった。１９８１年に台湾での飛行機事故で亡くなった。向田邦子さんが、戦後しばらくの頃に書いた小説の中に出てくる日本の企業（会社）の経営者たちは、支店長や部長クラスであった。自分の部下20人ぐらいを引き連れて、自分の家でごちそうを食べさせたり、飲み食い代を全部この上司が持っていた。それが当たり前のことだった。この美しい風習が、企業社会、会社員の風俗から消えてしまったのは、１９８０年代からだろう。国税庁（税務署）が企業の接待費（飲み食い代）をほとんど根絶やし（禁圧）と呼べるほどに抑圧してしまったからだ。

この法律改正を日本に圧力をかけてやらせたのは、アメリカである。ヒドいことをしたものだ。

大不況（デフレ経済）が続いたままであるいまの日本で、若い女性の社員で月収が25万円くらいだ。そして50歳代の部長や取締役（本部長クラス）であっても、月給が80万円ぐらいだ。若い女性の事務員のたった3倍から4倍である。これでは部下の社員たちに夕食を度々おごることはできない。

いまどき、こんなに管理職の給料が安くていいのだろうか。私は、女子社員が25万円もらうのであれば、幹部社員（部長から上は）月給200万円ぐらいなければいけないと思う。昔はそれくらいの格差《かくさ》があった。部下に食事もおごれない、というのはみっともない話だ。ということは、企業の経営者や役員たちは、年収で8千万円、1億円なければいけない。私はそれが本当の平等社会だと思う。

だから中国を批判するのはおかしい。いまの中国は、貧富の差が急激に開いて格差が激しくなっている、と非難する人々がいる。しかしこれは中国に対して失礼である。残酷な毛沢東による文化大革命（1966～1976年）の時代の〝生き地獄〟の、あの飢えた平等主義の時代を生き延びてきた中国人たちに対して失礼だ。

「格差社会をなくそう」と言うのは、これは日本の国税庁や税金取り役人、財務官僚たちの策略だ。貧乏人層（低所得者層）の妬《ねた》み、嫉妬《しっと》を煽《あお》って日本の金持ち階級、富裕層への高額な所得税やら相続税強化やら何やらで、個人資産を奪い取ろうとしているのだ。

高額所得者（大金持ち）はかつては、収入の9割を税金で本当に取られていた。松下幸之助や、黒柳徹子さんがハッキリとこのことで不満を口にしていた。年収10億円であったら、9億円を税金（地方税を含む）で持っていった。本当だ。それがようやく12年前に、50パーセント（このうち12パーセントが地方税の分）にまで減って、ヤレヤレやっと世界並みを目指した。年収10億円のうちの、せめて5億円は自分のものにできるようになった。

ところが、だ。またしても逆流が生じて来年2015年から、また高額所得者、富裕層に対する課税強化である。相続税が55パーセントになり、所得税も55パーセントになる。おそらく、家（住宅）を3つ持っている人は、相続のときにそのうち1つ（1億円する家一軒とか）を、どうしても売らなければならなくなるはずだ。売って税金として払うということになる。所得税と相続税が大増税されて金持ちたちは、狙い撃ちにされる。これまでは年間死亡者110万人のうちの5パーセントの6万人（の子供たち）だけが相続税を払っていた。**これからは、この倍の10パーセント、12万人が相続税を払わなければならなくなる。それが国税庁の狙い目である。**

だから本気で相続税のない国（タイ、シンガポール、マレーシアなどがそうだ）に国外脱出、キャピタル・フライト（資産避難）を考えて実行している富裕層がたくさん出ているのである。私は彼らを〝金持ち難民〟と呼んでいる。私は彼らを応援する。日本はいよいよヒドい国になりつつある。官僚（上級公務員）が上に隠れながら支配する〝貧乏平等主義〟の社会になりつつある。官僚共産主義国だ。

貧富の差は世の中にあって当たり前だ。それが自然な秩序である。この自然な秩序を壊したら大きな災いが起きる。そして貧富の差を無理やり税制で縮めようというのは間違った考えだ。貧富の差を官僚たちの能力（勝手な思い込み）で、無理やり無くそうとするなら、それは共産主義国の収容所群島であり、官僚的社会主義の国だ。ふざけるな、税金官僚ども。お前たちがますます日本を衰退させるのだ。

あとがき

この本は、初めの企画では、『格差社会肯定論』であった。しかし、この「格差社会（であること）を肯定（するべきだ）論」というコトバは、あれこれ誤解を生むことは分かっていた。それで元々の趣旨に戻ってそのものズバリの『税金官僚に痛めつけられた有名人たち』とした。

この本では、7人の有名人が私との対談に応じてくれた。彼らはひとりひとりが、国税庁に税金の徴収で本当にヒドい目に遭った人たちだ。自分が税金を取られる話は、有名人でなくても公言することはなかなか嫌がられることだ。どうしても私生活の秘密の公開になってしまう。しかし、ちっともキレイ事《ごと》ではない、本当に厳しい、人生の災難のひとつだ。それでも誰かが、この重要な税金取られ問題（税務署のやり方のヒドさ）を社会に知らせなければいけない。この税金問題は多くの人々にとっての切実な課題である。決して資産家や経営者たちだけの問題ではない。サラリーマン層であっても、こんなに高額の税金を毎月、天引《てんび》き（源泉徴収、ウィズホールディングス・タックス）されているのか、とガックリきたり、腹の底からの重低音の怒りがフツフツと湧《わ》いてきたりする。

快く対談に応じてくださった、デヴィ・スカルノ夫人、神内良一氏、磯貝清明氏、与沢翼氏、八田隆氏、桜井敏夫氏、渡辺喜太郎氏の勇気に敬意を表します。

最後に。この本が出来るまでに、光文社出版企画編集部の米澤仁次編集長と田尾登志治副編集長とライターの金《キム》泰《テ》嶺《リヨン》氏の、ひとかたならぬご支援があった。記して感謝します。

２０１４年７月　副島隆彦

【著者紹介】

副島隆彦（そえじま　たかひこ）

評論家。副島国家戦略研究所（SNSI）主宰。1953年福岡県生まれ。早稲田大学法学部卒業。外資系銀行員、予備校講師、常葉学園大学教授を歴任。政治思想、金融・経済、社会時事評論など、さまざまな分野で真実を暴く。「日本属国論」とアメリカ政治研究を柱に、日本が採るべき自立の国家戦略を提起、精力的に執筆・講演活動を続けている。主な著書に、『属国・日本論』（五月書房）、『世界覇権国アメリカを動かす政治家と知識人たち』（講談社＋α文庫）、『統制が始まる　急いで金（きん）を買いなさい』（祥伝社）、『浮かれバブル景気から衰退させられる日本』（徳間書店）、『税金官僚から逃がせ隠せ個人資産』（幻冬舎）、『私は税務署と闘う　恐ろしい日本の未来』（ビジネス社）などがある。

[ホームページ　副島隆彦の学問道場]
http://www.snsi.jp/

税《ぜい》金《きん》官《かん》僚《りよう》に痛《いた》めつけられた有《ゆう》名《めい》人《じん》たち

2014年 8月 5日　初版第1刷発行

著　者　　副島隆彦《そえじまたかひこ》
発行人　　井上晴雄
発行所　　株式会社 光文社
〒112-8011　東京都文京区音羽1-16-6
電話　出版企画編集部　03 (5395) 8270
書籍販売部　03 (5395) 8116
業　務　部　03 (5395) 8128
URL　光文社　http://www.kobunsha.com/
落丁・乱丁本は業務部へご連絡くだされば、お取替えいたします。

ブックデザイン　安藤未来 (凸版印刷 TANC)
印刷所　凸版印刷株式会社
製本所　ナショナル製本

ISBN978-4-334-97770-2